6학년
논리가 술술 톡톡

EBS 논술톡의 구성과 특장

1 『EBS 논술톡』은 생각하는 힘을 키우는 독서 논술 교재입니다.

『EBS 논술톡』은 초등학교의 단계별 특징에 맞는 문제를 해결하면서 자기주도적으로 학습할 수 있는 워크북 형식의 초등 독서 논술 교재입니다. 또한 초등학교 학생들의 논리적인 사고력과 창의적인 사고력을 향상시켜 주는 읽기와 쓰기 활동을 강화하였습니다. 초등학교 때 읽기와 쓰기 활동을 통하여 습득한 논리적인 사고력과 창의적 사고력은 모든 교과 학습의 바탕이 되고 사람다운 사람으로 성장하는 데 큰 자양분이 됩니다.

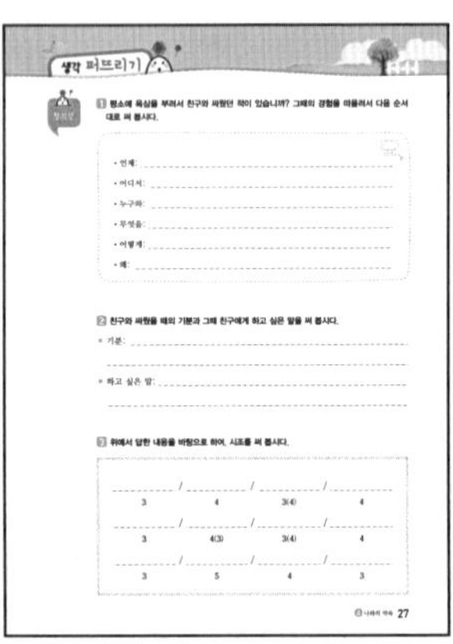

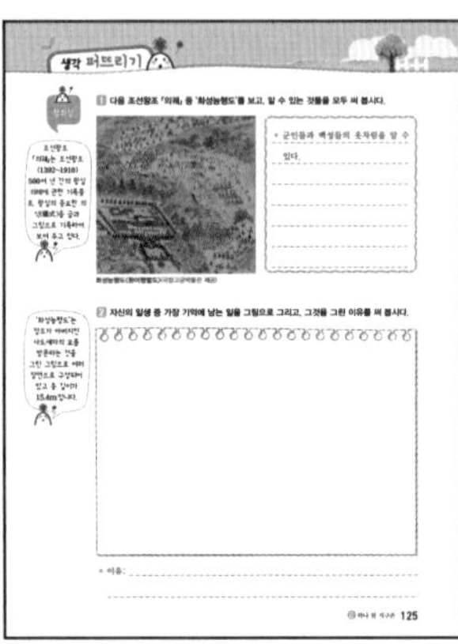

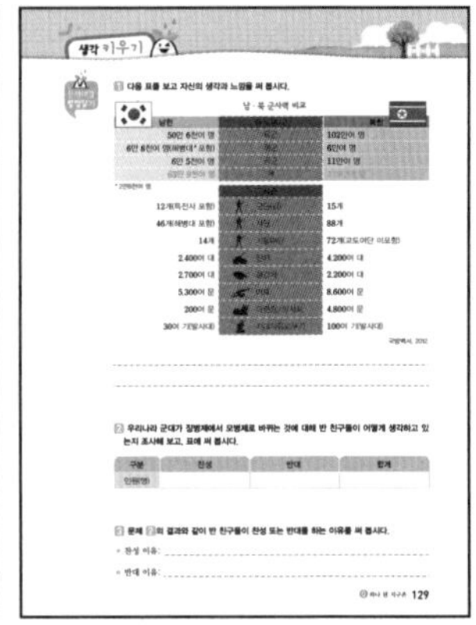

2 『EBS 논술톡』은 창의 인성 교육에 부응하는 독서 논술 교재입니다.

『EBS 논술톡』은 최근 창의 인성 교육의 필요성에 부응하여 나 · 가족, 학교, 이웃 · 동네, 국가 · 세계 등 4개의 대영역으로 구분하고, 인성 덕목 18개의 가치 요소로 나누어 학년별로 체계화하여 제시하였습니다. 인성 덕목 18개의 가치 요소는 학년별 특성에 맞도록 구성하여 하나의 주제로 이야기 글, 기타 글, 논술 주제로 구분하였습니다. 또 소주제를 제시하여 동화, 칭찬하는 글, 기사문, 광고문 등의 특성에 맞게 짜임새 있는 글로 조직하여 학생들에게 전달하고, 그 의미를 생각하게 하며, 이를 어떻게 읽고 자기 것으로 소화시킬 것인지 그에 대한 방법을 제시합니다.

구분	나 · 가족	학교	이웃 · 동네	국가 · 세계
1학년	효도	존중	협동	애국심
	사랑의 표현	사이좋은 친구	서로 돕는 우리	자랑스러운 우리나라
2학년	존중	배려	공익	자연애
	소중한 나	사이좋은 친구들	함께하는 우리	하나뿐인 지구
3학년	효도	책임	협동	애국심
	나의 사랑, 부모님	내 생활의 주인은 나	작은 힘도 모으면 큰 힘	나라 사랑 큰 나무
4학년	성실	자율	인류애	생명 존중
	내 마음 속 진심	나를 찾는 술래잡기	더불어 살아가는 우리	생명 사랑의 실천
5학년	통일의지	정의	존중	준법
	이산가족의 아픔	두 얼굴의 학교생활	모두를 위한 세상	법사랑 행복사회
6학년	절제	성실	예절	평화
	나와의 약속	성공의 열쇠	우리말 나들이	하나 된 지구촌

3 『EBS 논술톡』은 단계별 활동 중심의 독서 논술 교재입니다.

『EBS 논술톡』은 단순히 글을 읽고 써 보는 활동이 아닌, 각 소주제에 따라 생각틔우기, 생각키우기, 생각피우기, 생각퍼뜨리기의 4단계로 구성하여 읽고 쓰고 생각하는 활동을 하나의 과정으로 통합하여 제시하였습니다.

글을 읽기 전에 글의 배경을 먼저 알아보고, 자신의 경험을 생각하며 낱말을 익히는 활동을 합니다.

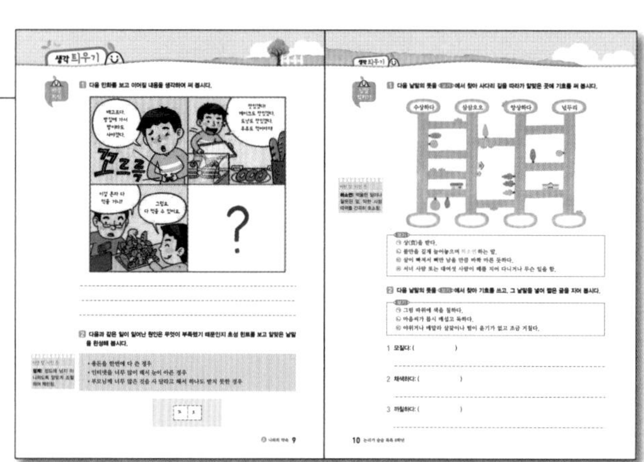

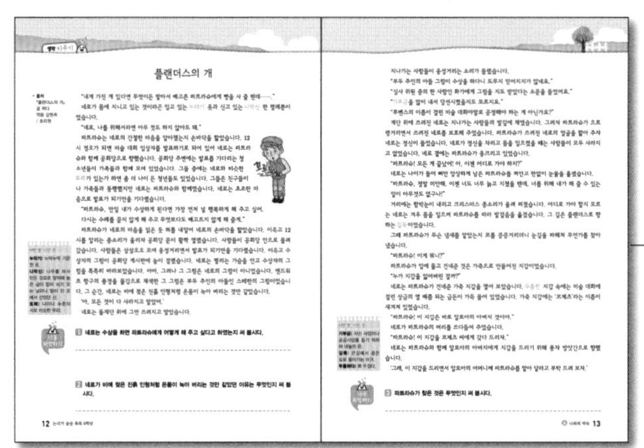

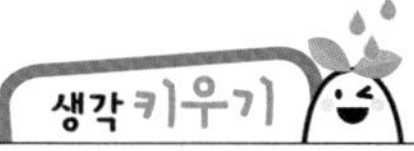

일정한 기준에 따라 글의 내용을 정리하며 글이 어떻게 연결되고 짜여 있는지 파악해 보고, 자신의 느낌과 생각을 표현해 보는 활동을 합니다.

글의 주제나 중심 생각 등에 대해 알아보고 예측해 보는 활동과 자신의 생활과 비교해 보며 글의 내용을 파악하고 확인하는 활동을 합니다.

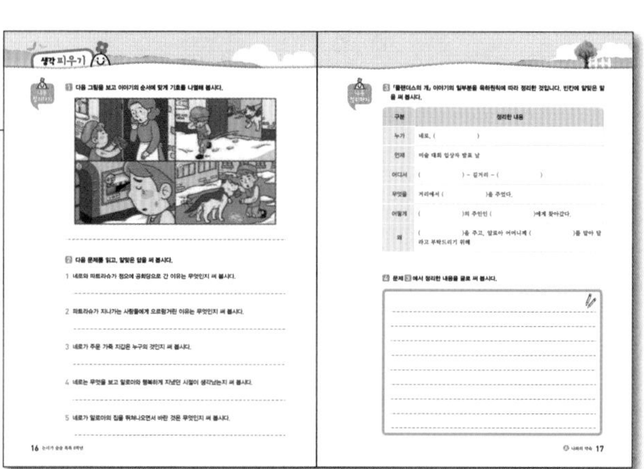

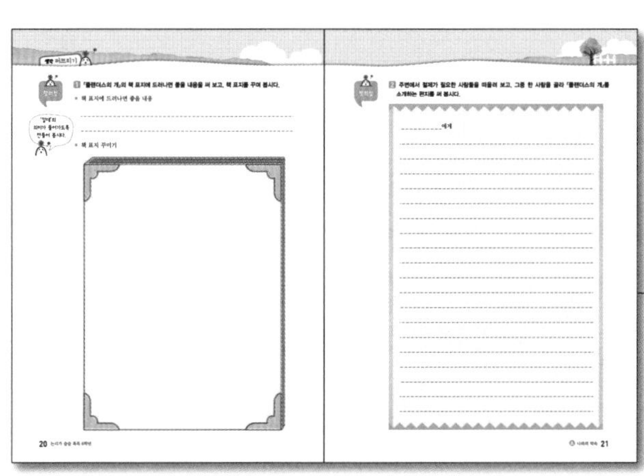

생각 퍼뜨리기

생각피우기에서 정리하고 표현한 내용을 형식화하고 일반화하는 과정을 통해 주제에 맞게 글을 써 보고 작품화하는 활동을 합니다.

EBS 논술톡의 **차례**

A 나와의 약속 | 절제

B 성공의 열쇠 | 성실

C 우리말 나들이 | 예절

D 하나 된 지구촌 | 평화

나와의 약속

절제의 절(節)은 마디를 뜻하고, 제(制)는 칼로 끊어서 자르는 것을 뜻합니다. 따라서 절제는 알맞게 자르는 것을 의미합니다. 이러한 의미를 담아 절제란 스스로의 욕구, 감정 등을 잘 통제하고 다스리는 것을 말합니다.

A-1. 플랜더스의 개

■ **생각틔우기**
욕심을 부렸던 경험 떠올리기

■ **생각키우기**
인물의 성격을 예상하며 내용 파악하기

■ **생각피우기**
읽은 내용을 정리하며 느낌과 생각 나타내기

■ **생각퍼뜨리기**
절제의 의미를 되새기며 편지 쓰기

A-2. 청산은 나를 보고

■ **생각틔우기**
시조의 특성 알기

■ **생각키우기**
시조의 내용 파악하기

■ **생각피우기**
현대 시조와 옛시조의 차이점 알기

■ **생각퍼뜨리기**
친구와 싸운 경험을 담아 시조 쓰기

A-3. 청소년의 인터넷 사용 시간 제한은 필요한가

■ **생각틔우기**
인터넷 사용의 장 · 단점 알기

■ **생각키우기**
청소년의 인터넷 사용 시간 제한에 대해 알기

■ **생각피우기**
청소년의 인터넷 사용 시간 제한에 대해 주장 펼치기

■ **생각퍼뜨리기**
'청소년의 인터넷 사용 시간 제한은 필요한가'에 대해 주장하는 글 쓰기

A-1 플랜더스의 개

공부한 날 ______년 ______월 ______일

공부할 문제 『플랜더스의 개』를 읽고 절제된 생활에 대하여 생각해 봅시다.

생각 티우기

배경 지식

1 다음 만화를 보고 이어질 내용을 생각하여 써 봅시다.

2 다음과 같은 일이 일어난 원인은 무엇이 부족했기 때문인지 초성 힌트를 보고 알맞은 낱말을 완성해 봅시다.

이런 말 이런 뜻

절제: 정도에 넘지 아니하도록 알맞게 조절하여 제한함.

- 용돈을 한번에 다 쓴 경우
- 인터넷을 너무 많이 해서 눈이 아픈 경우
- 부모님께 너무 많은 것을 사 달라고 해서 하나도 받지 못한 경우

ㅈ	ㅈ

1 다음 낱말의 뜻을 보기 에서 찾아 사다리 길을 따라가 알맞은 곳에 기호를 써 봅시다.

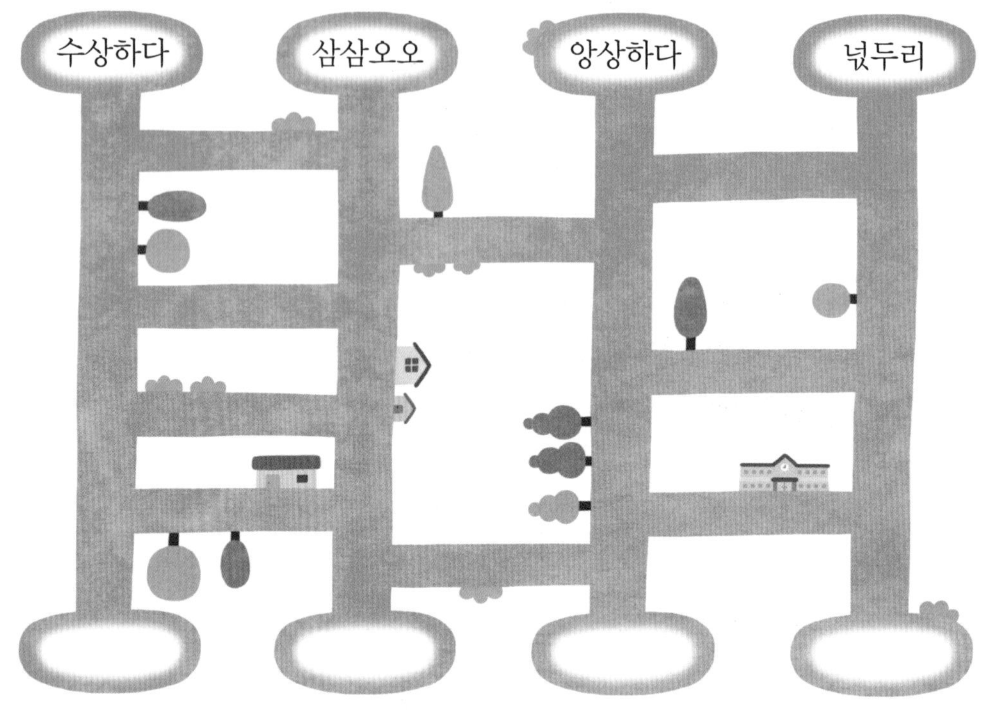

보기
㉠ 상(賞)을 받다.
㉡ 불만을 길게 늘어놓으며 하소연하는 말.
㉢ 살이 빠져서 뼈만 남을 만큼 바짝 마른 듯하다.
㉣ 서너 사람 또는 대여섯 사람이 떼를 지어 다니거나 무슨 일을 함.

이런 말 이런 뜻

하소연: 억울한 일이나 잘못된 일, 딱한 사정 따위를 간곡히 호소함.

2 다음 낱말의 뜻을 보기 에서 찾아 기호를 쓰고, 그 낱말을 넣어 짧은 글을 지어 봅시다.

보기
㉠ 그림 따위에 색을 칠하다.
㉡ 마음씨가 몹시 매섭고 독하다.
㉢ 야위거나 메말라 살갗이나 털이 윤기가 없고 조금 거칠다.

1 모질다: (   )

2 채색하다: (   )

3 까칠하다: (   )

예측 하기

인물의 성격은 그 사람의 말과 행동을 통해 알 수 있습니다.

1 다음 인물이 한 말을 읽고 인물의 성격을 예상하여 써 본 뒤, 그 인물의 얼굴을 상상하여 그려 봅시다.

네로

한 말	성격	얼굴
"내게 가진 게 있다면 무엇이든 팔아서 배고픈 파트라슈에게 빵을 사 줄 텐데……."	______ ______ ______	

코제츠 부인

한 말	성격	얼굴
"네로, 무슨 부탁인지 모르지만 바깥 날씨가 추우니 파트라슈랑 들어와서 이야기해 보렴."	______ ______ ______	

2 책이나 주변에서 위의 인물들과 비슷한 성격을 지닌 인물을 찾아 써 봅시다.

- '네로'와 비슷한 성격의 인물: ______

  이유: ______

  ______

- '코제츠 부인'과 비슷한 성격의 인물: ______

  이유: ______

  ______

플랜더스의 개

■ 출처
『플랜더스의 개』
글 위다
엮음 강원희
/ 효리원

"내게 가진 게 있다면 무엇이든 팔아서 배고픈 파트라슈에게 빵을 사 줄 텐데……."

네로가 몸에 지니고 있는 것이라곤 입고 있는 누더기 옷과 신고 있는 나막신 한 켤레뿐이었습니다.

"네로, 나를 위해서라면 아무것도 하지 않아도 돼."

파트라슈는 네로의 간절한 마음을 알아챘는지 손바닥을 핥았습니다. 12시 정오가 되면 미술 대회 입상자를 발표하기로 되어 있어 네로는 파트라슈와 함께 공회당으로 향했습니다. 공회당 주변에는 발표를 기다리는 청소년들이 가족들과 함께 모여 있었습니다. 그들 중에는 네로와 비슷한 또래가 있는가 하면 좀 더 나이 든 청년들도 있었습니다. 그들은 친구들이나 가족들과 동행했지만 네로는 파트라슈와 함께였습니다. 네로는 초조한 마음으로 발표가 되기만을 기다렸습니다.

"파트라슈, 만일 내가 수상하게 된다면 가장 먼저 널 행복하게 해 주고 싶어. 다시는 수레를 끌지 않게 해 주고 무엇보다도 배고프지 않게 해 줄게."

파트라슈가 네로의 마음을 읽은 듯 혀를 내밀어 네로의 손바닥을 핥았습니다. 이윽고 12시를 알리는 종소리가 울리자 공회당 문이 활짝 열렸습니다. 사람들이 공회당 안으로 몰려갔습니다. 사람들은 삼삼오오 모여 웅성거리면서 발표가 되기만을 기다렸습니다. 이윽고 수상자의 그림이 공회당 게시판에 높이 걸렸습니다. 네로는 떨리는 가슴을 안고 수상자의 그림을 똑똑히 바라보았습니다. 아아, 그러나 그 그림은 네로의 그림이 아니었습니다. 앤드워프 항구의 풍경을 물감으로 채색한 그 그림은 부두 주인의 아들인 스테판의 그림이었습니다. 그 순간, 네로는 비에 젖은 진흙 인형처럼 온몸이 녹아 버리는 것만 같았습니다.

'아, 모든 것이 다 사라지고 말았어.'

네로는 돌계단 위에 그만 쓰러지고 말았습니다.

이런 말 이런 뜻

누더기: 누덕누덕 기운 헌 옷.

나막신: 나무를 파서 만든 것으로 앞뒤에 높은 굽이 있어 비가 오는 날이나 땅이 진 곳에서 신었던 신.

또래: 나이나 수준이 서로 비슷한 무리.

1 네로는 수상을 하면 파트라슈에게 어떻게 해 주고 싶다고 하였는지 써 봅시다.

2 네로가 비에 젖은 진흙 인형처럼 온몸이 녹아 버리는 것만 같았던 이유는 무엇인지 써 봅시다.

지나가는 사람들이 웅성거리는 소리가 들렸습니다.

"부두 주인의 아들 그림이 수상을 하다니 도무지 믿어지지가 않네요."

"심사 위원 중의 한 사람인 화가에게 그림을 지도 받았다는 소문을 들었어요."

"기부금을 많이 내서 당선시켰을지도 모르지요."

"루벤스의 이름이 걸린 미술 대회야말로 공정해야 하는 게 아닌가요?"

계단 위에 쓰러진 네로는 지나가는 사람들의 발길에 채였습니다. 그러자 파트라슈가 으르렁거리면서 쓰러진 네로를 보호해 주었습니다. 파트라슈가 쓰러진 네로의 얼굴을 핥아 주자 네로는 정신이 들었습니다. 네로가 정신을 차리고 몸을 일으켰을 때는 사람들이 모두 사라지고 없었습니다. 네로 곁에는 파트라슈가 웅크리고 있었습니다.

"파트라슈! 모든 게 끝났어! 아, 이젠 어디로 가야 하지?"

네로는 나이가 들어 뼈만 앙상하게 남은 파트라슈를 껴안고 한없이 눈물을 흘렸습니다.

"파트라슈, 정말 미안해. 이젠 너도 너무 늙고 지쳤을 텐데, 너를 위해 내가 해 줄 수 있는 일이 아무것도 없구나!"

거리에는 함박눈이 내리고 크리스마스 종소리가 울려 퍼졌습니다. 어디로 가야 할지 모르는 네로는 겨우 몸을 일으켜 파트라슈를 따라 발걸음을 옮겼습니다. 그 길은 플랜더스로 향하는 길목이었습니다.

그때 파트라슈가 무슨 냄새를 맡았는지 코를 킁킁거리더니 눈길을 파헤쳐 무언가를 찾아 냈습니다.

"파트라슈! 이게 뭐니?"

파트라슈가 입에 물고 건네준 것은 가죽으로 만들어진 지갑이었습니다.

"누가 지갑을 잃어버린 걸까?"

네로는 파트라슈가 건네준 가죽 지갑을 열어 보았습니다. 두툼한 지갑 속에는 미술 대회에 걸린 상금의 열 배쯤 되는 금돈이 가득 들어 있었습니다. 가죽 지갑에는 '코제츠'라는 이름이 새겨져 있었습니다.

"파트라슈! 이 지갑은 바로 알로아의 아버지 것이야."

네로가 파트라슈의 머리를 쓰다듬어 주었습니다.

"파트라슈! 이 지갑을 코제츠 씨에게 갖다 드리자."

네로는 파트라슈와 함께 알로아의 아버지에게 지갑을 드리기 위해 풍차 방앗간으로 향했습니다.

'그래, 이 지갑을 드리면서 알로아의 어머니께 파트라슈를 맡아 달라고 부탁 드려 보자.'

이런 말 이런 뜻

기부금: 자선 사업이나 공공사업을 돕기 위하여 내놓은 돈.
길목: 큰길에서 좁은 길로 들어가는 어귀.
두툼하다: 꽤 두껍다.

3 **파트라슈가 찾은 것은 무엇인지 써 봅시다.**

네로는 파트라슈와 헤어지는 것이 죽기보다 싫었지만 파트라슈를 살리는 길은 그것밖에 없다는 생각이 들었습니다.

'나를 따라다니면 파트라슈는 굶어 죽을지도 몰라.'

네로와 파트라슈는 눈보라를 뚫고 발목까지 빠지는 눈길을 걸어갔습니다. 풍차 방앗간 집에 도착한 네로는 알로아의 집 문을 두드렸습니다.

"누구세요?"

알로아의 어머니가 문을 열어 주었습니다.

"어머나! 네로 아니냐? 이렇게 추운 날에……."

알로아의 어머니가 걱정이 가득한 얼굴로 말했습니다.

"네로, 알로아 아버지가 오시기 전에 어서 돌아가렴. 우리 집에 큰 걱정거리가 생겼단다. 알로아의 아버지가 집으로 돌아오는 길에 지갑을 잃어버렸거든. 이 모든 것이 너에게 모질게 한 벌인지도 모르지."

알로아의 어머니가 넋두리를 하듯 말했습니다.

"파트라슈가 길에서 코제츠 씨의 지갑을 주웠어요. 그래서 이걸 전해 드리려고요."

네로가 알로아의 어머니께 지갑을 내밀었습니다.

"네로! 이 지갑을 어떻게 찾았니? 정말 고맙구나! 사실 이 지갑 속에는 우리의 전 재산이나 다름없는 돈이 들어 있단다."

"그 지갑은 파트라슈가 눈길 위에서 찾은 거예요."

"파트라슈가? 정말 영리한 개로구나. 고맙다, 파트라슈!"

알로아의 어머니가 까칠해진 파트라슈의 갈색 털을 쓰다듬어 주면서 말했습니다.

"알로아 어머니, 부탁이 하나 있어요."

네로가 망설이며 어렵게 말을 꺼냈습니다.

"네로, 무슨 부탁인지 모르지만 바깥 날씨가 추우니 파트라슈랑 들어와서 이야기해 보렴."

네로와 파트라슈는 불이 지펴진 따뜻한 벽난로 옆에 앉았습니다. 벽난로 위에는 네로가 널빤지에 숯덩이로 그린 알로아의 그림이 놓여 있었습니다. 네로는 그 그림을 보자 알로아와 행복하게 지냈던 시절이 생각났습니다.

"아아, 행복했던 그 시절로 되돌아갈 수만 있다면……."

이런 말 이런 뜻

눈보라: 바람에 불리어 휘몰아쳐 날리는 눈.
다름없다: 견주어 보아 같거나 비슷하다.

내용 파악하기

4 네로가 알로아의 집에 찾아갔을 때 알로아의 어머니는 무슨 일 때문에 걱정하고 있었는지 써 봅시다.

이 층에서 방금 내려온 알로아가 네로를 보자 깜짝 놀랐습니다.

"네로! 정말 오랜만이야. 그런데 이렇게 늦은 밤에 무슨 일이야?"

알로아가 반가움에 떨리는 목소리로 말했습니다.

"알로아! 파트라슈가 아버지의 잃어버린 지갑을 찾았단다. 이 보답을 어떻게 해야 할지 모르겠구나."

코제츠 부인이 기쁨에 들뜬 목소리로 말했습니다.

"그게 정말이에요?"

알로아도 아버지가 지갑을 잃어버려 집안에 어떤 어려움이 닥칠지 어머니와 함께 큰 걱정을 하고 있던 중이었습니다.

"네로야, 부탁이 있다고 했지? 무슨 부탁인지 모르지만 따뜻한 수프라도 먹으면서 이야기하렴."

코제츠 부인이 상냥하게 말했습니다.

"저는 괜찮지만 파트라슈에게 따뜻한 음식을 주시면 고맙겠습니다."

알로아가 파트라슈에게 수프를 가져다 주었지만 지친 파트라슈는 먹지 않았습니다.

"알로아 어머니, 파트라슈 좀 맡아 주시겠어요? 저를 따라다니면 파트라슈는 굶어 죽을지도 몰라요. 파트라슈는 이제 너무 나이가 들고 지쳤거든요. 부탁드립니다. 그럼 안녕히……."

네로는 인사도 끝맺지 못했습니다. 그리고 파트라슈를 남겨 둔 채 문을 박차고 뛰쳐나왔습니다. 그렇게 하지 않으면 파트라슈와 작별을 하기가 쉽지 않을 것 같아서입니다.

"컹컹컹!"

파트라슈가 슬픈 목소리로 울부짖었습니다.

"파트라슈! 네로는 꼭 다시 돌아올 거야."

파트라슈가 문밖으로 뛰쳐나가지 못하도록 알로아가 붙잡았습니다. 네로는 멀리서도 파트라슈가 울부짖는 소리를 들을 수 있었습니다.

"파트라슈! 잘 지내. 알로아가 잘 보살펴 줄 테니까 더 이상 굶는 일은 없을 거야."

네로는 눈보라를 헤치고 앤트워프를 향해 힘없이 걸었습니다. 눈길에 찍힌 하얀 발자국만이 네로의 뒤를 따랐습니다. 눈보라가 심해서 네로가 쓴 모자가 바람에 저 멀리 날아가고 말았습니다.

이런 말 이런 뜻

보답: 남의 호의나 은혜를 갚음.
작별: 인사를 나누고 헤어짐.
울부짖다: 감정이 격하여 마구 울면서 큰 소리를 내다.

5 네로가 파트라슈를 남겨 둔 채 문을 박차고 뛰쳐나간 이유는 무엇인지 써 봅시다.

1 다음 그림을 보고 이야기의 순서에 맞게 기호를 나열해 봅시다.

2 다음 문제를 읽고, 알맞은 답을 써 봅시다.

1 네로와 파트라슈가 정오에 공회당으로 간 이유는 무엇인지 써 봅시다.

2 파트라슈가 지나가는 사람들에게 으르렁거린 이유는 무엇인지 써 봅시다.

3 네로가 주운 가죽 지갑은 누구의 것인지 써 봅시다.

4 네로는 무엇을 보고 알로아와 행복하게 지냈던 시절이 생각났는지 써 봅시다.

5 네로가 알로아의 집을 뛰쳐나오면서 바란 것은 무엇인지 써 봅시다.

3 『플랜더스의 개』 이야기의 일부분을 육하원칙에 따라 정리한 것입니다. 빈칸에 알맞은 말을 써 봅시다.

구분	정리한 내용
누가	네로, (　　　　　　)
언제	미술 대회 입상자 발표 날
어디서	(　　　　　　) – 길거리 – (　　　　　　)
무엇을	거리에서 (　　　　　　)을 주었다.
어떻게	(　　　　　　)의 주인인 (　　　　　　)에게 찾아갔다.
왜	(　　　　　　)을 주고, 알로아 어머니께 (　　　　　　)를 맡아 달라고 부탁드리기 위해

4 문제 **3** 에서 정리한 내용을 글로 써 봅시다.

1 다음 대화 글을 읽고 생각하거나 느낀 점을 댓글로 써 봅시다.

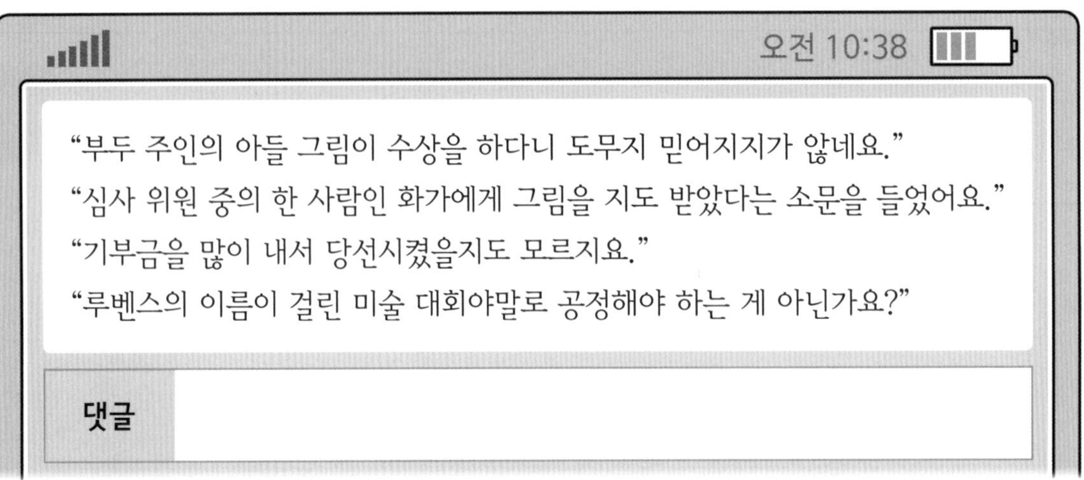

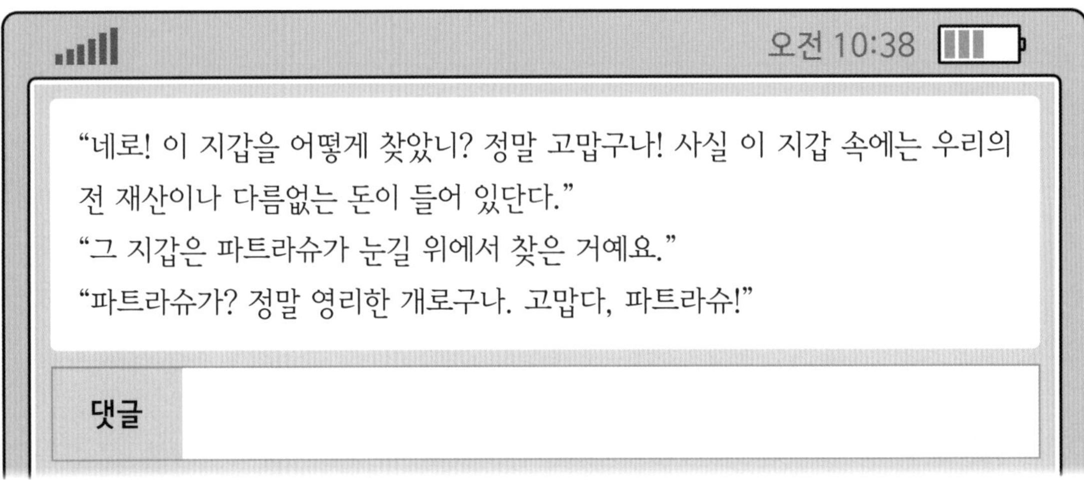

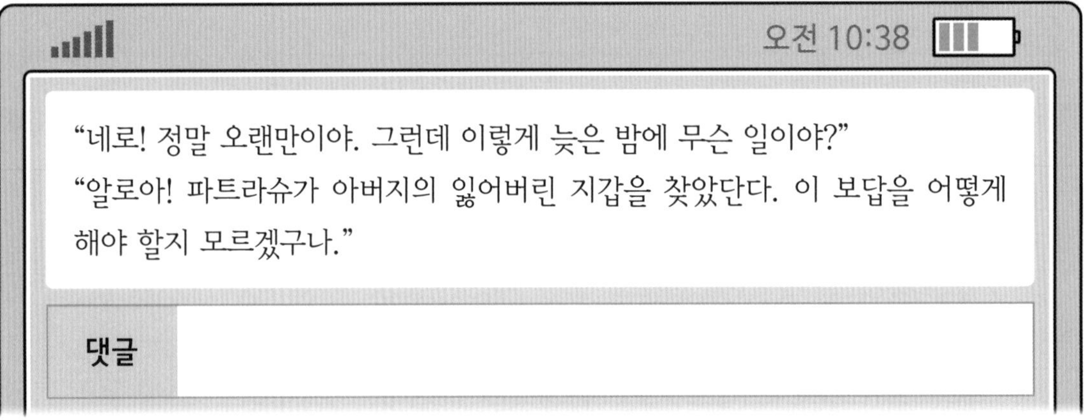

2 앞에서 읽은 『플랜더스의 개』 이야기에 이어질 내용을 상상하여 써 봅시다.

1 만약 여러분이 네로처럼 가진 돈이 없고 힘들게 살고 있을 때, 큰돈을 주었다면 어떻게 할지 써 봅시다.

2 다음 절제의 의미를 되새겨 보고 일상생활에서 절제가 필요한 경우를 생각하여 써 봅시다.

절제: 정도에 넘지 아니하도록 알맞게 조절하여 제한함.

-
-

3 내가 생각하는 진정한 의미의 절제는 무엇인지 써 봅시다.

절제란,

4 네로에게 전하고 싶은 말을 시로 써 봅시다.

창의성

1 『플랜더스의 개』의 책 표지에 드러나면 좋을 내용을 써 보고, 책 표지를 꾸며 봅시다.

'절제'의 의미가 들어가도록 만들어 봅시다.

■ 책 표지에 드러나면 좋을 내용

■ 책 표지 꾸미기

2 주변에서 절제가 필요한 사람들을 떠올려 보고, 그중 한 사람을 골라 『플랜더스의 개』를 소개하는 편지를 써 봅시다.

__________에게

A-2 청산은 나를 보고

공부한 날 ________년 ________월 ________일

공부할 문제 시조의 특성을 알고 시조를 써 봅시다.

생각 티우기

배경 지식

1 다음 시조를 읽고, 물음에 답해 봅시다.

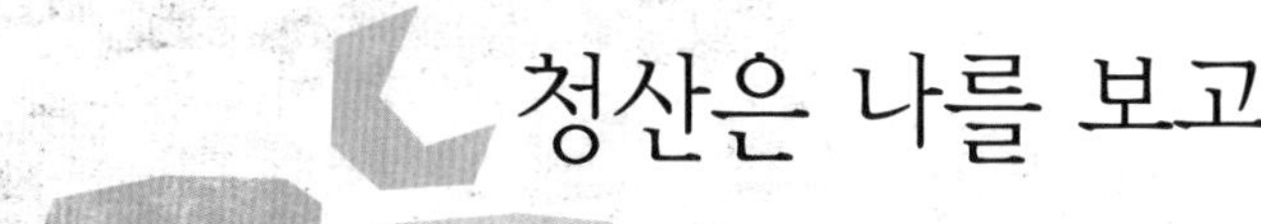

청산은 나를 보고

나옹선사

청산(靑山)은 나를 보고 말없이 살라 하고
명월(明月)은 나를 보고 티 없이 살라 하네
욕심(慾心)도 벗어 놓고 성냄도 벗어 놓고
바람같이 구름같이 살다가 가라 하네

이런 말 이런 뜻

청산: 풀과 나무가 무성한 푸른 산.
명월: 밝은 달.
티: 조그마한 흠.
정형시: 일정한 형식과 규칙에 맞추어 지은 시.

시조는 우리나라 전통의 문학 형식으로, 고려 말기부터 발달하여 온 정형시입니다.

1 청산과 명월은 나를 보고 어떻게 살라고 하는지 각각 써 봅시다.

- 청산(靑山): ______________________
- 명월(明月): ______________________

2 바람같이 구름같이 살기 위해서는 어떻게 해야 한다고 하였는지 써 봅시다.

____

- 시조(평시조)의 형식
- 평시조는 시조의 기본형으로 단형 시조라고도 한다.
  (형식을 그대로 평범하게 따랐다 하여 평시조라고 함.)
- 시조는 초장, 중장, 종장으로 이루어져 있다.
- 3장 45자 내외로 구성된 정형시이다.
- 평시조 ㉎

(초장)	동창이	밝았느냐	노고지리	우지진다
	3	4	3(4)	4
(중장)	소치는	아이는	상기 아니	일었느냐
	3	4(3)	3(4)	4
(종장)	재너머	사래긴 밭을	언제 갈려	하나니
	3	5	4	3

평시조의 기본 형식은 학자에 따라 조금씩 다릅니다.

1 다음 글을 읽고, 물음에 답해 봅시다.

고려를 망하게 하고 자신의 아버지(이성계)를 새로운 왕으로 세우고 싶었던 이방원은 정몽주를 자기편으로 끌어들이고 싶어 했다. 때마침 이성계가 말에서 떨어져 부상을 입게 되었고, 정몽주가 이성계를 병문안하기 위해 이성계의 집에 찾아오게 되었다. 이 틈을 이용하여 이방원은 술상을 차려 놓고 정몽주에게 다음과 같은 시조를 읊었다.

이런들 어떠하리 저런들 어떠하리
만수산 드렁칡이 얽혀진들 어떠하리
우리도 이같이 얽혀 백 년까지 누리리라

그러자 정몽주는 이방원이 어떤 의도로 시조를 읊었는지 이해하였고 다음과 같은 시조로 답하였다.

이 몸이 죽고 죽어 일백 번 고쳐 죽어
백골이 진토되어 넋이라도 있고 없고
임 향한 일편단심이야 가실 줄이 있으랴

이방원은 태조 이성계의 다섯째 아들이고, 정몽주는 고려 말기의 문신입니다.
정몽주는 정도전 등이 이성계를 왕으로 모시려 하자, 끝까지 고려 왕조에 충성하다가 이방원의 부하에 의해 선죽교에서 죽습니다.

1 다음 낱말의 뜻을 보기에서 찾아 기호를 써 봅시다.

만수산		드렁칡		얽히다	
백골		진토		넋	
임		향하다		일편단심	

보기
- ㉠ '송악산'의 다른 이름.
- ㉡ 언덕진 곳에 얽혀 있는 칡덩굴.
- ㉢ 노끈이나 줄 따위로 이리저리 걸다.
- ㉣ 죽은 사람의 몸이 썩고 남은 뼈.
- ㉤ 티끌과 흙을 통틀어 이르는 말.
- ㉥ 정신이나 마음.
- ㉦ 좋아하는 사람.
- ㉧ 누구에게 마음을 기울이다.
- ㉨ 진심에서 우러나오는 변치 아니하는 마음을 이르는 말.

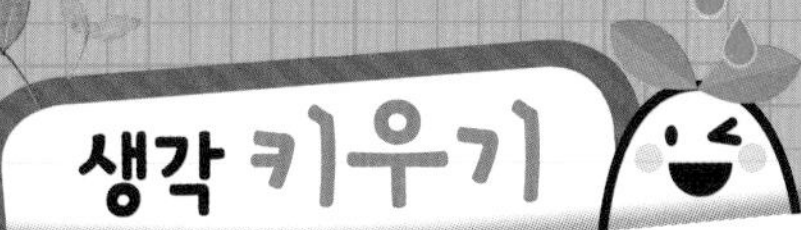

예측 하기

1 '이방원'과 '정몽주'의 성격을 추측하여 써 봅시다.

이방원	
정몽주	

2 이방원이 쓴 시조가 '하여가'이고, 정몽주가 쓴 시조가 '단심가'입니다. 각 시조는 어떤 내용을 담고 있는지 써 봅시다.

하여가

단심가

이런 말 이런 뜻

하여가: 이방원이 충신 정몽주의 마음을 떠보고 자신의 편으로 설득하기 위해 쓴 시조.

단심가: 고려 말기에 정몽주가 지은 시조로 고려에 대한 충절을 읊은 시조.

3 내가 만약 '정몽주'라면 어떤 내용의 시조로 답하였을지 써 봅시다.

4 위 **3**의 답을 바탕으로 하여 빈칸에 알맞은 내용을 써서 시조를 완성해 봅시다.

____ /	____ /	____ /	____
3	4	3(4)	4
3	4(3)	3(4)	4
3	5	4	3

오른쪽에 주어진 글자 수는 예시입니다. 글자 수와 상관없이 자유롭게 시조를 완성하세요.

현대 시조는 옛시조를 바탕으로 하여 변형된 시조입니다.

1 다음 현대 시조를 읽고, 물음에 답해 봅시다.

바다는

홍종선

바다는
성난 바람을
소리 없이 안는다.

푸른 품으로
어루만지며
말없이 받아들인다.

바다가
푸를수록
많은 바람이
잠들어 있다.

이런 말 이런 뜻

성나다: 몹시 화가 나다.
품: 두 팔을 벌려서 안을 때의 가슴.
어루만지다: 가볍게 쓰다듬어 만지다.

1 이 시조에서 바다는 성난 바람을 어떻게 하였는지 써 봅시다.

2 만약 여러분이 바다라면 성난 바람을 어떻게 하였을지 써 봅시다.

3 24쪽의 '하여가'와 '단심가'를 떠올려 보고, 현대 시조와 옛시조의 차이점을 써 봅시다.(형식적인 측면을 중심으로 쓸 것.)

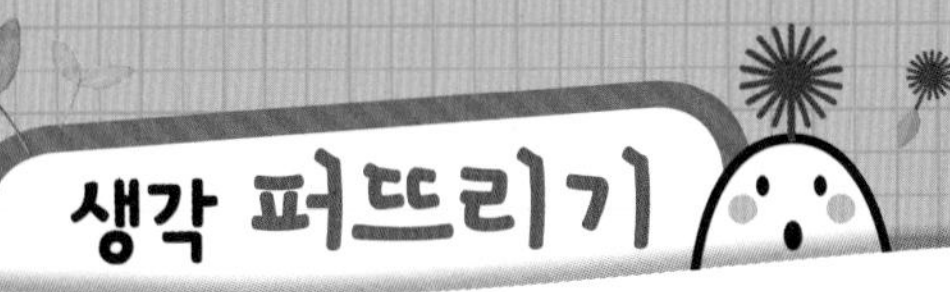

창의성

1 평소에 욕심을 부려서 친구와 싸웠던 적이 있습니까? 그때의 경험을 떠올려서 다음 순서대로 써 봅시다.

- 언제: ______
- 어디서: ______
- 누구와: ______
- 무엇을: ______
- 어떻게: ______
- 왜: ______

2 친구와 싸웠을 때의 기분과 그때 친구에게 하고 싶은 말을 써 봅시다.

■ 기분: ______

______

■ 하고 싶은 말: ______

______

3 위에서 답한 내용을 바탕으로 하여, 시조를 써 봅시다.

______ /	______ /	______ /	______
3	4	3(4)	4
______ /	______ /	______ /	______
3	4(3)	3(4)	4
______ /	______ /	______ /	______
3	5	4	3

A-3 청소년의 인터넷 사용 시간 제한은 필요한가

공부한 날 ________ 년 ________ 월 ________ 일

공부할 문제

'청소년의 인터넷 사용 시간 제한은 필요한가'에 대해 주장하는 글을 써 봅시다.

1 다음은 인터넷의 의미를 쓴 문장입니다. 빈칸에 알맞은 낱말을 보기에서 찾아 써 봅시다.

보기

교환, 세계, 연결, 정보, 컴퓨터

인터넷은 전 ( )의 ( )가 서로 ( )되어 ( )를 ( )할 수 있는 하나의 거대한 컴퓨터 통신망입니다.

2 일상생활에서 인터넷을 사용한 경험을 떠올려 보고, 어떤 이유로 인터넷을 사용하였는지 세 가지만 써 봅시다.

-
-
-

3 인터넷 사용의 장점과 단점을 써 봅시다.

장점	■ 새로운 정보를 쉽게 얻을 수 있다. ■ 가상 공간에서 다른 사람들과 이야기를 나눌 수 있다. ■ ■
단점	■ 인터넷에 중독될 수 있다. ■ 정확하지 않은 정보를 얻을 수 있다. ■ ■

이런 말 이런 뜻

가상 공간: 컴퓨터에 의하여 현실이 아닌 허상으로 만들어진 공간.
중독: 어떤 것에 빠져 그것 없이는 견디지 못하는 병적 상태.

1 다음 기사문을 읽고, 물음에 답해 봅시다.

10대 청소년 가운데 상당수 스마트폰 중독

정부 기관의 조사에서 나타난 대표적인 스마트폰 중독 증상은 '스마트폰이 없으면 불안하다', '스마트폰 사용에 많은 시간을 보내는 것이 습관화되었다', '스마트폰을 그만해야겠다고 생각하면서도 계속한다', '수시로 스마트폰을 사용하다 지적을 받았다' 등이다.

지나친 스마트폰 사용은 학업이나 일상생활에 지장을 줄 뿐만 아니라 가정 내 갈등 및 대화 단절, 대인 관계 문제까지 유발할 수 있다. 10대 청수년이 스마트폰에 빠지게 되면 통합적 사고력 및 자기 조절력이 충분히 발달하지 못할 위험이 있다.

한 센터 관계자는 "스마트폰은 언제 어디서든 바로 사용할 수 있고 통제가 어렵다는 특성이 있다. 청소년의 스마트폰 중독 위험군 비율이 가파르게 증가하는 것은 심각한 문제이다."라고 지적하였다 또, "이에 정부와 각급 학교는 앞장서서 10대 청소년의 스마트폰 사용을 제한하는 등의 방안을 강구하고, 학생 지도 등 교육적 노력을 적극 펼쳐야 할 것이다."라고 강조하였다.

이런 말 이런 뜻

지적: 허물 따위를 드러내어 폭로함.
유발: 어떤 것이 다른 일을 일어나게 함.
통제: 일정한 방침이나 목적에 따라 행위를 제한하거나 제약함.
강구: 구하기 힘든 것을 억지로 구함.

1 정부 기관의 조사에서 나타난 대표적인 스마트폰 중독 증상을 써 봅시다.

2 이 글에서 지나친 스마트폰 사용으로 일어나는 문제점을 찾아 써 봅시다.

1 '청소년의 인터넷 사용 시간 제한'과 '청소년의 인터넷 게임 사용 시간 제한'에 대해 알아봅시다.

- **청소년의 인터넷 사용 시간 제한이란?**
  만 16세 미만 청소년(1세부터 17세까지)이 자정(0시)부터 오전 6시까지 인터넷을 이용할 수 없는 것을 말합니다.

- **청소년의 인터넷 게임 사용 시간 제한이란?**
  제26조 (심야 시간대의 인터넷 게임 제공 시간 제한) 관련 판례 벌칙 규정
  ① 인터넷 게임의 제공자는 16세 미만의 청소년에게 오전 0시부터 오전 6시까지 인터넷 게임을 제공하여서는 아니 된다. [시행일 2013.5.20.: 심각한 인터넷 게임 중독의 우려가 없는 것으로서 대통령령으로 정하는 기기를 이용한 인터넷 게임에 대한 심야 시간 대 제공 시간 제한에 관한 부분]
  – 청소년 보호법 법률 제13371호 –

이런 말 이런 뜻

제한: 일정한 한도를 정하거나 그 한도를 넘지 못하게 막음.
심야: 깊은 밤.
제공: 무엇을 내주거나 갖다 바침.

2 다음 그래프는 학부모 1,000명을 대상으로 '셧다운제에 대한 인식 조사'를 한 결과입니다. 학부모들은 셧다운제에 대해 어떻게 생각하고 있는지 써 봅시다.

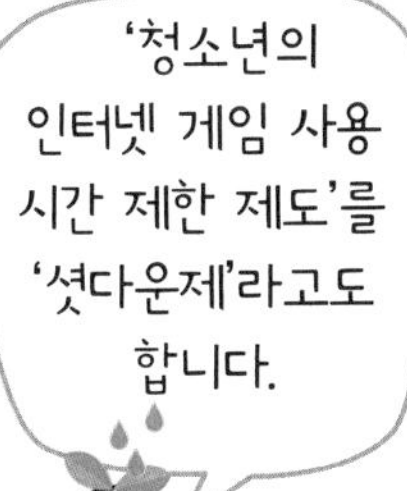

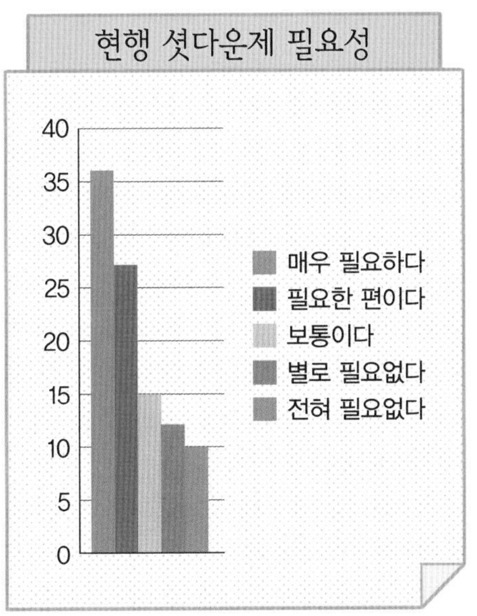

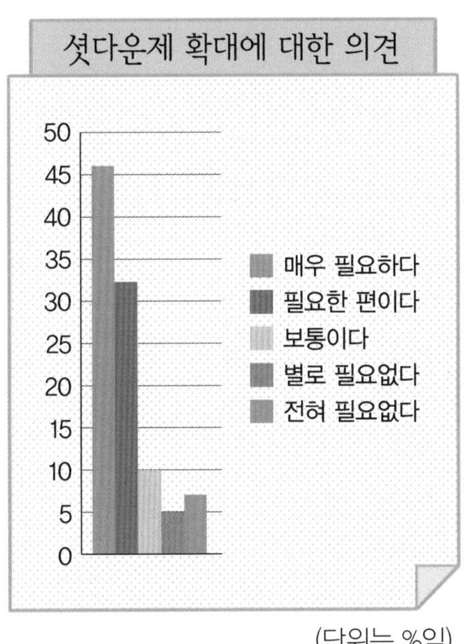

(단위는 %임)

3 다음 시를 읽고, 물음에 답해 봅시다.

인터넷은 무엇이든 될 수 있지

인터넷은 정보의 바다
모르는 것이 있으면
언제든
원하는 것을 낚을 수 있지

인터넷은 기쁨 전파사
힘든 일이 생기면
언제든
기쁨을 얻을 수 있지

인터넷은 포근한 카페
외로울 때면
언제든
친구들과 수다를 떨 수 있지

인터넷은 (　　㉠　　)
(　　㉡　　)
언제든
(　　㉢　　)

이런 말 이런 뜻

전파사: 라디오, 텔레비전 따위의 전기 기기를 주로 취급하는 가게.
수다: 쓸데없이 말수가 많음.

1 이 시에서 인터넷을 무엇에 비유하였는지 세 가지를 찾아 써 봅시다.

생각이 나지 않을 때는 자신이 썼던 일기장을 살펴보는 것도 좋은 방법입니다.

2 인터넷의 좋은 점을 생각하며 ㉠~㉢에 어울리는 내용을 써 봅시다.

㉠	
㉡	
㉢	

3 이 시와 반대로 인터넷의 나쁜 점이 드러나는 시를 써 봅시다.

4 다음 시조를 읽고, 물음에 답해 봅시다.

절제(節制)

어찌해 나도 몰래 인터넷 게임 중독
참아도 멀리 해도 마음엔 뿌리 깊으나
버리고 넘치지 않으니 행복으로 가누나

시조란 고려 말기부터 발달하여 온 우리나라 고유의 정형시로 초장, 중장, 종장의 3장 6구의 기본 형태를 가진 시이다.

1 이 시조는 어떤 문제에 대한 생각이 드러나 있는지 써 봅시다.

____

2 이 시조에서 행복으로 가기 위해서는 어떻게 해야 한다고 하였는지 써 봅시다.

____

3 이 시조와 같은 경험이 있는지 생각하여 써 봅시다.

____

____

____

4 이 시조와 반대되는 내용의 시조를 써 봅시다.

처음부터 시조 쓰기가 어려우면 글로 표현한 후 시조로 고쳐 써도 좋습니다.

제목: ______________________________

________ /	________ /	________ /	________
3	4	3(4)	4
________ /	________ /	________ /	________
3	4(3)	3(4)	4
________ /	________ /	________ /	________
3	5	4	3

5 **'청소년의 인터넷 사용 시간 제한은 필요한가'에 대해 생각해 보고 찬성과 반대의 입장에서 그 이유를 각각 써 봅시다.**

찬성

- 청소년은 어리기 때문에 인터넷 사용 시간을 통제할 수 있는 능력이 부족하다.
- 늦은 시간에 인터넷을 사용할 경우 옳지 않은 방법으로 사용할 가능성이 매우 높다.
- 인터넷 사용 시간을 제한하여도 얼마든지 인터넷을 사용할 수 있는 시간이 많다.
- ______________________________
- ______________________________
- ______________________________

반대

- 청소년도 많이 성장하였기 때문에 인터넷 사용 시간을 절제할 수 있다.
- 유해 사이트는 기술적으로 차단할 수 있어 늦은 시간이라도 인터넷을 올바르게 사용할 수 있다.
- 독서실, 학원 등에서 늦게까지 공부를 하기 때문에 늦은 시간에 인터넷을 사용해야 할 경우가 많다.
- ______________________________
- ______________________________
- ______________________________

이런 말 이런 뜻

유해: 해로움이 있음.
차단: 다른 것과의 관계나 접촉을 막거나 끊음.

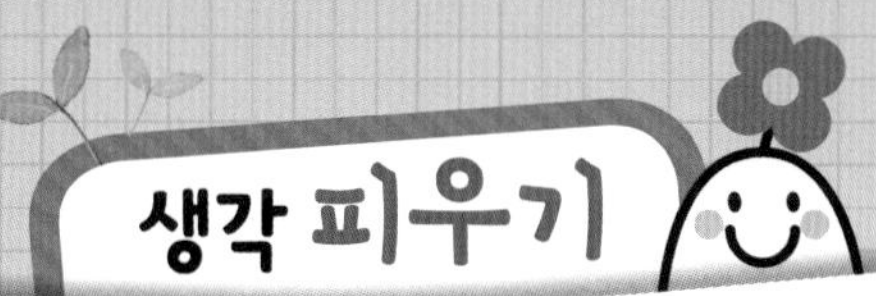

1 다음 제목을 보고 '청소년의 인터넷 사용 시간 제한은 필요한가'에 대해 찬성하는 입장이면 '찬', 반대하는 입장이면 '반'을 써 봅시다.

제목	입장
믿음, 해결의 실마리	
늪에 빠진 인터넷 세상	
어두운 시간 어두운 인터넷!	
궁금증과 호기심은 시간을 가리지 않아요	

이런 말 이런 뜻

실마리: 일이나 사건을 풀어 나갈 수 있는 첫머리.

늪: 빠져나오기 힘든 상태나 상황을 비유적으로 이르는 말.

2 '청소년의 인터넷 사용 시간 제한은 필요한가'에 대하여 찬성하는지, 반대하는지 자신의 입장을 써 봅시다.

3 '청소년의 인터넷 사용 시간 제한은 필요한가'에 대한 자신의 입장이 드러나는 제목을 생각하여 써 봅시다.

4 '청소년의 인터넷 사용 시간 제한은 필요한가'에 대한 자신의 입장과 그것을 뒷받침하는 근거를 써 봅시다.

근거를 쓸 때에는 앞에서 살펴본 내용을 확인하고 작성해야 합니다.

입장	근거
	■
	■
	■

생각 퍼뜨리기

글쓰기

1 '청소년의 인터넷 사용 시간 제한은 필요한가'에 대한 자신의 입장을 밝히고, 주장하는 글을 완성해 봅시다.

의견을 쓰는 글에는 서론, 본론, 결론이 잘 드러나야 합니다.

주장에 따른 근거를 쓸 때는 '설명', '인용', '예시'를 이용할 수 있습니다.

제목: ______________________________

요즘 우리 주변에서는 인터넷을 이용하는 사람들을 쉽게 볼 수 있다. 이처럼 인터넷은 우리 생활에 깊숙이 들어와 있고 인터넷으로 인한 이로움과 해로움이 동시에 존재하고 있다. 특히 청소년들이 인터넷을 이용하면서 긍정적인 점과 부정적인 점이 많아, 일부에서는 '청소년의 인터넷 사용 시간 제한이 필요하다.'라고 주장하고 있다. 나는 이러한 의견에 (　　　　　)한다.

'청소년의 인터넷 사용시간 제한이 필요하다'라는 의견에 (　　　　　)하는 이유는 다음과 같다.

첫째, ______________________________

____

____

둘째, ______________________________

____

____

셋째, ______________________________

____

____

나는 '청소년의 인터넷 사용 시간 제한이 필요하다'라는 의견에 (　　　　　)한다. 그렇게 하면 미래의 주인공이 되는 우리 청소년들이 밝은 꿈과 끼를 키울 수 있는 여건이 마련될 것이다.

____

____

____

____

1 '청소년의 인터넷 사용 시간 제한은 필요한가'에 대한 공청회를 개최하려고 합니다. 공청회에 사람들을 초대하는 초대장을 만들어 봅시다.

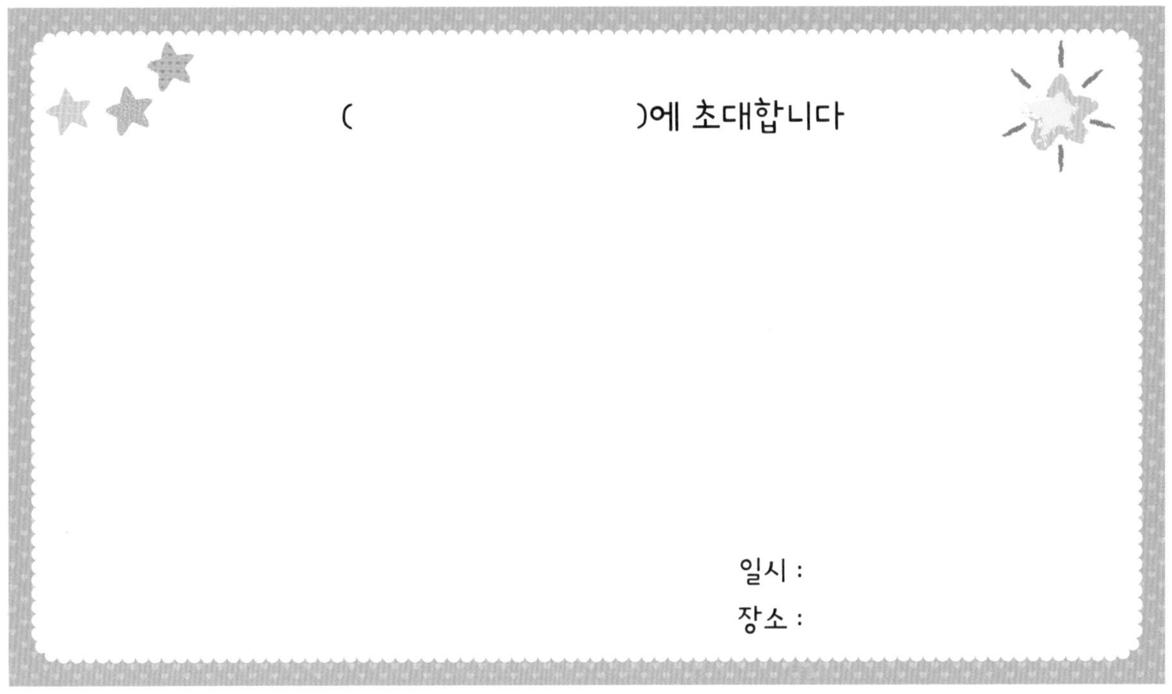

이런 말 이런 뜻

공청회: 많은 사람들의 의견을 들어 보는 공개적인 모임.
현수막: 홍보 글을 적어 걸어 놓은 막.
문구: 글자.

2 '청소년의 인터넷 사용 시간 제한은 필요한가'에 대한 자신의 입장을 홍보하려고 합니다. 현수막에 들어갈 문구를 만들어 써 봅시다.

B

성공의 열쇠

성실은 거짓됨 없이 자기가 하는 일에 최선을 다하는 자세를 말합니다. 성실한 사람은 항상 진지한 태도로 열과 성을 다하며 자기가 하는 일에 최선의 노력을 기울입니다. 성실은 어떤 일을 이루는 데에 있어 반드시 필요합니다.

B-1. 우리들의 일그러진 영웅

- **생각틔우기**
  성실의 의미 알기
- **생각키우기**
  사건을 예측하며 내용 파악하기
- **생각피우기**
  읽은 내용을 정리하며 느낌과 생각 나타내기
- **생각퍼뜨리기**
  이야기 속 인물에게 편지를 쓰고 성실과 관련된 명언 완성하기

B-2. 스탠퍼드대 연설문

- **생각틔우기**
  연설문의 특성 알기
- **생각키우기**
  스티브 잡스가 겪은 일 알기
- **생각피우기**
  읽은 내용을 정리하며 느낌과 생각 나타내기
- **생각퍼뜨리기**
  스티브 잡스와 나의 인생 감정 그래프 비교하기

B-3. 방학 생활 계획표는 필요한가

- **생각틔우기**
  자신의 일상생활 살펴보기
- **생각키우기**
  계획을 세우면 좋은 점 알기
- **생각피우기**
  방학 생활 계획표의 좋은 점이 드러나게 글쓰기
- **생각퍼뜨리기**
  '방학 생활 계획표는 필요한가'에 대해 연설문 쓰기

B-1 우리들의 일그러진 영웅

공부한 날 ________ 년 ________ 월 ________ 일

공부할 문제 『우리들의 일그러진 영웅』을 읽고 성실하게 생활하려는 마음을 다져 봅시다.

생각 티우기

'성실(誠實)'의 한자어를 풀이하면 정성 성(誠)에 열매 실(實)입니다.

1 다음 낱말의 뜻으로 알맞은 것을 찾아 선으로 이어 봅시다.

성실 ●

● 정성스럽고 참됨.

● 가장 좋고 훌륭함. 또는 그런 일.

● 괴로움이나 어려움을 참고 견딤.

2 다음 중 '성실'의 의미에 어울리는 행동을 찾아 ◯해 봅시다.

수학 문제집을 매일 꾸준히 풀었다.	친구와 함께 어려운 일을 해결하였다.	부모님의 마음이 편하도록 노력하였다.	배가 부르면 더 이상 음식을 먹지 않았다.
(　　　)	(　　　)	(　　　)	(　　　)

3 다음 설명은 어떤 낱말의 뜻인지 생각하여 빈칸에 알맞은 글자를 써 봅시다.

어떤 상태가 끝없이 이어짐.	□ 원
움푹 파여 물이 괴어 있는 곳.	□ 덩 이

4 문제 **3**의 답 순서대로 빈칸에 글자를 쓰고, 만들어진 낱말의 뜻을 〈보기〉의 낱말을 사용하여 완성해 봅시다.

〈보기〉
• 재능　　• 용맹　　• 어려운　　• 지혜

□□　(　　　　)와(과) (　　　　)이(가) 뛰어나고 (　　　　)하여 보통 사람이 하기 (　　　　) 일을 해내는 사람.

배경 지식

5 다음 낱말의 뜻으로 알맞은 그림을 찾아 선으로 이어 봅시다.

일그러지다

이런 말 이런 뜻

일그러지다: 물건이나 얼굴이 비뚤어지거나 우글쭈글하여지다.

6 자신의 얼굴이 일그러졌던 경험을 떠올려 보고, 그때의 느낌을 써 봅시다.

1 자신의 얼굴이 일그러졌던 때

2 그때의 느낌

7 자신이 생각하는 가장 훌륭한 영웅은 누구인지, 그렇게 생각하는 이유와 함께 써 봅시다.

만화, 영화뿐만 아니라 일상생활에서도 영웅을 찾을 수 있습니다.

생각 키우기

예측 하기

1 다음 그림을 보고, 물음에 답해 봅시다.

가

나

1 그림 가 와 그림 나 는 어떤 모습인지 써 봅시다.

- 가 ______________________________
- 나 ______________________________

> 그림 속의 인물이 '나'라고 생각하면, 상황에서 느낄 수 있는 감정을 더 잘 알 수 있습니다.

2 그림 가 와 그림 나 의 상황일 때 느낄 수 있는 감정을 보기 에서 모두 찾아 써 봅시다.

보기

• 조마조마하다 • 무섭다 • 떨린다 • 긴장된다 • 두렵다 • 속상하다

- 가 ______________________________
- 나 ______________________________

3 그림 가 와 그림 나 를 연결하여 이야기를 만들어 봅시다.

____

____

____

____

우리들의 일그러진 영웅

이문열

두 시간째 수학 시험 시간이 되어 나는 우연히 박원하가 이상한 짓을 하는 걸 보게 되었다. 응용 문제 하나가 막힌 내가 꼭 커닝을 하겠다는 뜻에서라기보다 그 애는 답을 썼나 안 썼나 궁금해 흘끗 훔쳐보니, 이미 답안지를 다 채운 그 애가 이름을 지우개로 지우고 있었다. 나는 문득 수상쩍은 느낌이 들었다. 답이야 지웠다 새로 쓰는 수도 있지만, 자기 이름을 잘못 써서 지우는 일은 없기 때문이다.

그 바람에 나는 시간이 얼마 안 남았다는 것도 잊고 박원하가 하는 짓을 유심히 살폈다. 그 애는 힐끔힐끔 시험 감독을 나온 다른 반 담임을 훔쳐보며 방금 말끔히 지운 곳에 이름을 써넣었는데, 놀랍게도 그 이름은 엄석대의 것이었다. 이름을 다 써넣고서야 겨우 여유를 찾은 그 애가 사방을 슬그머니 돌아보다 나와 눈이 마주치자 찔끔했다. 그러나 그 눈꼬리에 곧 웃음기가 비치는 게 나를 경계하거나 두려워하는 것 같지는 않았다.

"너 아까 뭘 했니?"

쉬는 시간이 되자마자, 나는 박원하에게 가만히 물어보았다. 원하가 비실비실 웃으며 대답했다.

"이번에는 수학이 내 차례였어."

"수학이 네 차례라니? 그럼, 다른 과목도 누가 그러는 거야?"

나는 놀랍고도 어이없어 다시 그렇게 물었다. 박원하가 잠깐 사방을 둘러보더니 소리를 낮춰 말했다.

"몰랐어? 지난 시간 국어 시험은 아마도 황영수가 했을거야."

"뭐야? 그럼 너희들은……."

"엄석대의 점수를 받는 거지 뭐. 너는 미술을 대신 그려 주니까 눈치 봐서 두 장을 그려 내면 되지만, 시험은 그게 안 되잖아? 석대하고 점수를 바꾸는 수밖에……."

그제서야 나는 엄석대가 그토록 놀라운 평균 점수를 얻어 내는 비결을 알아차렸다. 내가 별 생각 없이 그려 준 그림도 사실은 석대의 전 과목 수를 돕고 있었다는 것도.

"전 과목 모두 시험마다 그래?"

이런 말 이런 뜻

응용: 지식을 구체적인 개개의 사례나 다른 분야의 일에 적용하여 이용함.

눈꼬리: 귀 쪽으로 가늘게 좁혀진 눈의 가장자리.

1 '나'(한병태)는 박원하가 시험 시간에 무엇을 하는 것을 보았는지 써 봅시다.

2 엄석대가 놀라운 평균 점수를 얻어 내는 비결이 무엇인지 써 봅시다.

나는 놀란 가슴을 진정시키며 다시 물었다. 박원하는 공범자끼리의 은근한 말투로 내가 묻는 대로 숨김없이 대답해 주었다.

"전 과목 모두는 아니야. 대개 두 과목쯤은 제 스스로 공부해 오지. 이번에는 자연과 사회만 진짜 엄석대의 실력이야. 그러나 시험마다 그 과목도 바꾸고, 대신 이름을 써 낼 아이도 바꿔."

"그럼, 그 두 과목을 뺀 나머지 시험에서 엄석대가 받는 점수는 어때?"

"한 80점 안팎일 거야."

"그렇다면 이번 수학 시험의 경우, 너는 15점 이상 손해보잖아?"

"할 수 없지 뭐. 다른 애들도 다 그러니까. 게다가, 석대는 차례를 공정하게 돌리기 때문에 손해는 모두 비슷해. 따라서, 석대만 빼면 우리끼리의 성적순은 실력대로야. 너같이 재수 좋은 애가 우리 앞에 끼어들지 않는다면 말이야."

원하가 우리라고 하는 것은 석대가 특별히 우대하는 몇 명을 가리키는 말이었다. 공부로는 반에서 상위권인 동아리로, 끼어든 지 얼마 되지는 않지만 나도 그중의 하나였다.

"그런데……아직 석대가 그걸 네게 말해 주지 않았어? 이상한데……."

그 엄청난 비밀이 준 충격으로 멍해 있는 나를 보다가 원하가 갑자기 걱정스런 얼굴이 되어 물었다. 그러다가 이내 스스로를 안심시키듯 덧붙였다.

"뭐, 이제야 말해 줘도 괜찮겠지. 너도 석대의 그림을 대신 그려 주고 있으니까. 그건 미술 실기 시험을 대신 쳐 주는 셈이잖아. 게다가, 곧 석대와 시험지를 바꿔야 할지도 모르고……."

하지만, 그때 이미 나는 갑작스럽고도 강한 유혹에 휘말려 제 정신이 아니었다.

그 유혹이란, 방금 알아 낸 엄청난 비밀로, 어느 누구도 용서할 리 없는 무서운 비행의 움직일 수 없는 증거로, 이미 끝난 석대와의 싸움을 뒤집어 보자는 것이었다. 담임 선생님이 아무리 무정하고 성의 없다 해도, 석대의 그 같은 행위까지는 묵인하지 않을 것 같았다. 그리하여 석대를 잡기만 한다면, 그것은 지금껏 그를 두둔해 온 담임 선생님에게 멋진 앙갚음이 될 뿐만 아니라, 나를 믿지 않고 윽박지르기만 한 아버지, 어머니에게도 멋진 앙갚음이 될 것이다. 억눌려 참고는 있어도 실은 괴로워하고 있음에 틀림없는 아이들에게 나는 새로운 영웅으로 떠오를 것이고, 쓰라림으로 포기해야 했던 자유와 합리의 지배가 되살아날 것에 대해서도 나는 분명 가슴이 두근거렸다.

〈중간 생략〉

이런 말 이런 뜻

공범자: 함께 계획하여 범죄를 저지른 사람.
손해: 물질적으로나 정신적으로 밑짐.

3 박원하가 '우리'라고 말한 사람들은 누구인지 써 봅시다.

4 '나'(한병태)는 어떤 유혹에 휘말렸는지 써 봅시다.

그리하여 마침내 일이 터진 것은 3월 말의 첫 시험 성적이 발표되던 날이었다. 그날, 화가 나 새파랗게 된 얼굴로 아침 조례를 들어온 담임 선생님은 대뜸 우리들의 성적부터 불러 준 뒤에 차갑게 말했다.

"엄석대는 평균 98점으로 전 학년에서 1등을 했고, 나머지는 모두가 전 학년 10등 밖이다. 나는 오늘 이 수수께끼를 풀어야겠다."

그리고 갑자기 매서운 목소리로 엄석대를 불러 냈다.

"교단 모서리를 짚고 엎드려 뻗쳐."

엄석대가 애써 태연한 표정을 지으며 교탁 앞으로 나가자, 담임 선생님은 아무런 앞뒤 설명 없이 그렇게 명령했다. 그리고 엄석대가 엎드리자, 출석부와 함께 들고 온 굵은 매로 그의 엉덩이를 모질게 내리쳤다.

갑자기 찬물을 끼얹은 듯 조용해진 교실 안은 매질 소리와 신음을 참는 석대의 거친 숨소리로 가득했다. 나로서는 처음 보는 모진 매질이었다. 어린애 팔목만하던 매는 금세 끝이 갈라지고, 조각조각 떨어져 나갔다. 그러나 그런 모진 매질보다 내게 더욱 충격적인 것은 석대가 매를 맞고 있다는 사실 그 자체였다.

석대도 매를 맞는다. 저토록 비참하고 무력하게. 그것은 나뿐만 아니라 우리 반 아이들 모두에게 충격이었을 것이다. 그리고 그때, 담임 선생님이 노린 것도 바로 그런 충격이었음에 틀림없다. 그 사이 담임 선생님의 손에 들린 매는 반 토막으로 줄어 있었으나, 매질은 멈춰지지 않았다. 아픔을 못 이겨 몸을 비틀면서도 어지간히 견디던 석대도 마침내는 교실 바닥에 엎어지며 괴로운 신음을 뱉어 냈다.

담임 선생님은 그때를 기다리고 있었던 듯했다. 쓰러진 석대를 그대로 두고 교탁으로 가더니, 석대의 시험지를 찾아 다시 엎드려 뻗쳐를 하고 있는 석대 곁으로 갔다.

이런 말 이런 뜻

대뜸: 이것저것 생각할 것 없이 그 자리에서 곧.

태연하다: 마땅히 머뭇거리거나 두려워할 상황에서 태도나 기색이 아무렇지도 않은 듯이 예사롭다.

내용 파악하기

5 담임 선생님께서는 어떤 수수께끼를 푼다고 하셨는지 써 봅시다.

6 '내'(한병태)가 가장 충격을 받은 것이 무엇인지 써 봅시다.

7 이 글에 나타난 엄석대의 마음은 어떻게 변화하였는지 써 봅시다.

"엄석대, 여기를 잘 봐. 여기 이름 쓴 데 지우개 자국이 보이지?"

그제서야 나는 담임 선생님이 드디어 석대의 비밀을 눈치챘음을 알았다. 그러자 문득 석대를 향한 동정이나 근심보다는 일의 결말이 더 궁금해지기 시작했다. 석대가 그전 라이터 사건 때처럼 자신의 잘못을 부인하고, 아이들도 그때처럼 입을 모아 그를 뒷받침해 준다면 어떻게 될까 하는 것이었다.

"잘못……했습니다."

한참 뒤에 들리는 석대의 대답은 실망스럽게도 그랬다. 아무래도 그는 열대여섯 살의 소년에 지나지 않았고, 또 굴복하기 쉬운 육체를 지닌 인간이었다. 어쩌면 담임 선생님의 그 모진 매질은 다른 번거로운 절차 없이 그에게서 바로 그 말을 끌어내기 위한 것이었는지도 모를 일이었다.

석대의 그 같은 말이 들리자, 아이들 사이에는 다시 한 차례 눈에 보이지 않는 동요가 일었다. 석대도 항복을 한다. 결코 있을 것 같지 않던 그런 일이 눈앞에서 벌어진 데서 온 충격 때문이었을 것이다. 나도 그랬다. 그 말을 듣는 순간, 자신도 모르게 몸을 움찔했을 정도였다.

이런 말 이런 뜻

동정: 남의 어려운 처지를 자기 일처럼 딱하고 가엾게 여김.

근심: 해결되지 않은 일 때문에 속을 태우거나 우울해함.

8 이 글에서 '나'(한병태)는 석대의 대답을 듣고 왜 실망하였는지 써 봅시다.

9 담임 선생님이 석대에게 모진 매질을 한 이유는 무엇인지 써 봅시다.

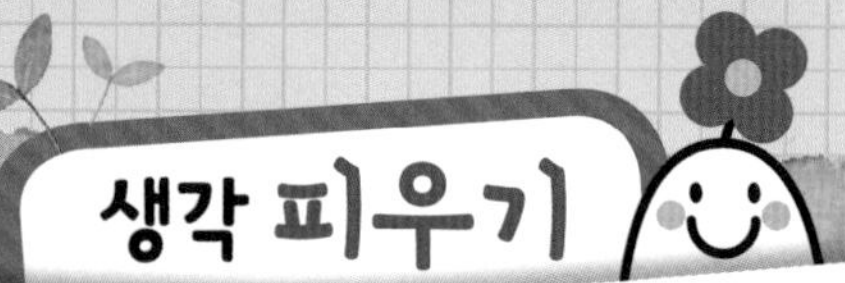

1 『우리들의 일그러진 영웅』의 '나'(한병태)가 되어 다음 인터뷰에 대답하여 봅시다.

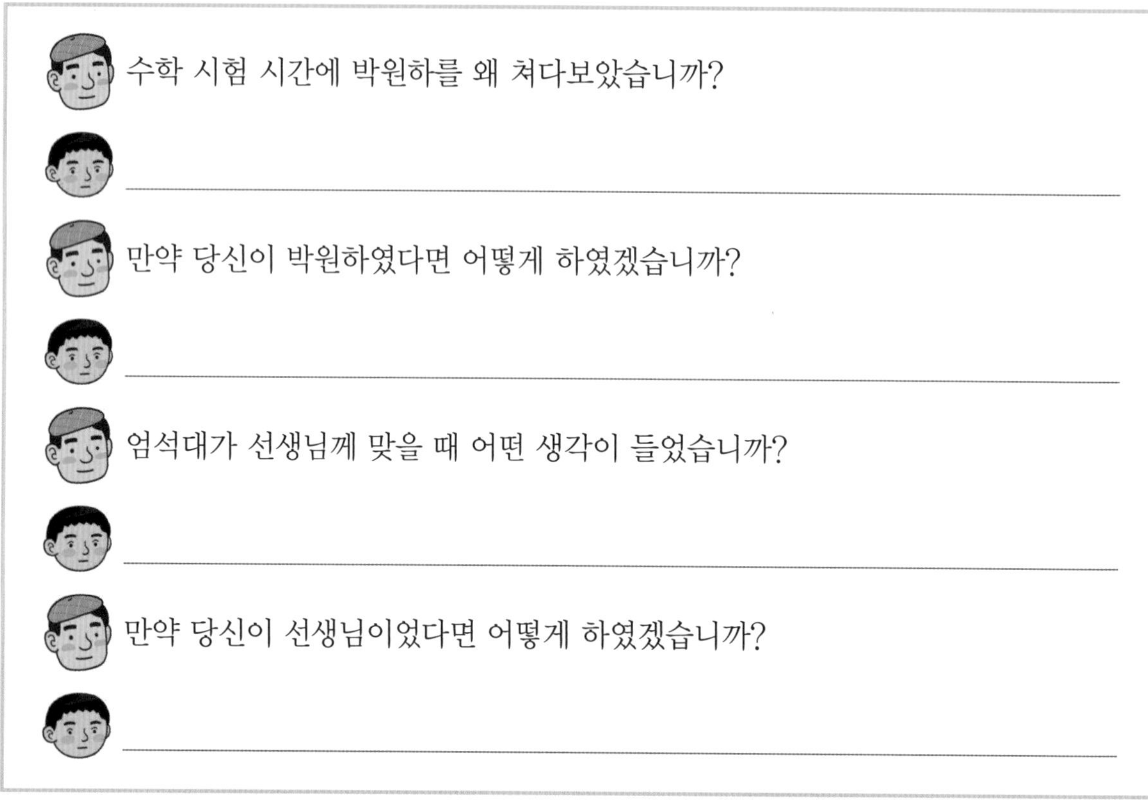

2 기자가 되어 앞에서 읽은 『우리들의 일그러진 영웅』의 내용을 기사문으로 써 봅시다.

기사문에는 '누가, 언제, 어디서, 무엇을, 어떻게, 왜'의 육하원칙이 들어가야 합니다.

영웅일보

제목: ______________________

____

____

____

____

____

____

( ) 기자

1 『우리들의 일그러진 영웅』의 사건에 따라 자신의 느낌을 색깔로 표현하고, 그렇게 표현한 이유를 써 봅시다.

색연필이나 사인펜이 없을 경우 색 이름을 써 봅시다.

사건	색깔	이유
박원하가 자신의 시험지에 엄석대의 이름을 쓴 일		
'나'(한병태)가 엄석대가 놀라운 평균 점수를 얻어 내는 비결을 알게 된 일		
담임 선생님께서 엄석대를 때린 일		
엄석대가 담임 선생님께 자신의 잘못을 인정한 일		

2 앞에서 읽은 『우리들의 일그러진 영웅』의 이야기를 색깔로 표현하고, 그렇게 표현한 이유를 써 봅시다.

『우리들의 일그러진 영웅』 전체 이야기를 읽고 표현해도 좋습니다.

색깔	이유

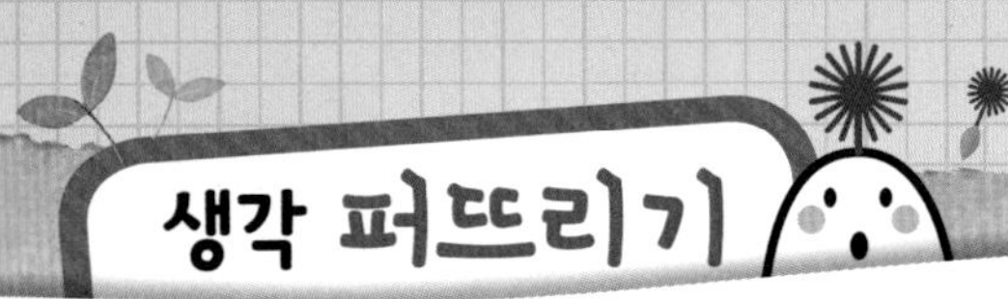

1 각 인물의 입장에서 해당되는 인물에게 편지를 써 봅시다.

2 『우리들의 일그러진 영웅』의 서평을 써 봅시다.

서평이란 책이나 글의 내용에 대해 평가하는 글입니다.

1 자신이 생각하는 영웅의 모습을 그려 보고, 그렇게 그린 이유를 써 봅시다.

■ 이유: ______________________________

____

____

2 다음은 '성실'과 관련된 명언입니다. 보기에서 알맞은 낱말을 찾아 문장을 완성해 봅시다.

보기

길, 목표, 계획, 꿈, 노력

■ 험한 (　　　　　)을 오르려면 처음에는 천천히 걸어야 한다.

－셰익스피어－

■ 꿈을 날짜와 함께 적어 놓으면 그것은 (　　　　　)가 되고, 목표를 잘게 나누면 그것은 (　　　　　)이 되며, 계획을 실행에 옮기면 (　　　　　)은 실현되는 것이다.

－그레그 S. 레이드－

■ 성공은 절대 저절로 찾아오지 않는다. (　　　　　)하는 자만이 성공을 얻는다.

－빌 게이츠－

이런 말 이런 뜻

험하다: 땅의 형세가 발을 디디기 어려울 만큼 사납고 가파르다.
실현: 꿈, 기대 따위를 실제로 이룸.

B-2 스탠퍼드대 연설문

공부한 날 ________ 년 ________ 월 ________ 일

공부할 문제

연설문의 특성을 알고 스티브 잡스의 「스탠퍼드대 연설문」을 읽어 봅시다.

생각 틔우기

연설이란 여러 사람 앞에서 자신의 의견이나 주장을 말하는 것입니다.

1 다음 중에서 연설하는 모습을 모두 찾아 ◯해 봅시다.

2 다음은 연설문을 들을 때 타당성을 판단하는 방법입니다. 빈칸에 들어갈 알맞은 말을 보기에서 찾아 써 봅시다.

보기

가치, 주장, 근거, 중요, 실천

- (　　　　) 있고 (　　　　)한 주장인지 판단한다.
- (　　　　)할 수 있는 주장인지 판단한다.
- (　　　　)에 대한 (　　　　)가 적절한지 판단한다.

이런 말 이런 뜻

타당성: 사물의 이치에 맞는 옳은 성질.
가치: 사물이 지니고 있는 쓸모.

■ 연설문의 특징

- 듣는이의 특징과 연설 시간을 생각하여 쓴다.
- 처음 부분에는 듣는이의 관심을 끄는 말을 쓴다.
- 여러 사람 앞에서 말하기 위한 것이므로 높임말을 쓴다.
- 끝부분에는 듣는이의 변화를 이끌어 낼 수 있는 희망적인 말을 쓴다.
- 듣는이가 이해하기 쉽게 문장이나 낱말을 여러 번 반복하여 써도 된다.

3 다음 물건 중 한 가지를 골라 기호를 쓰고, 그 물건이 없었다면 우리 생활이 어떠했을지 생각하여 써 봅시다.

㉠ ㉡
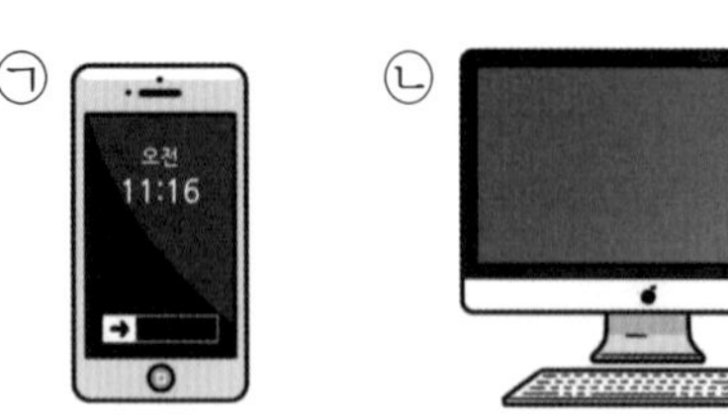

㉢

㉣

- 고른 물건: ____________________
- 우리 생활: ____________________

____

4 문제 **3**의 물건들은 누구의 발명품인지 빈칸에 들어갈 글자들을 순서대로 조합하여 써 봅시다.

> 물건을 만든 사람은 1955년에 태어나 2011년도에 사망하였으며, 애플사를 세워 여러 가지 발명품을 만들었습니다.

버 □	많은 사람이 함께 타는 대형 자동차.
□ 끌	티와 먼지를 통틀어 이르는 말.
□ 라 질	남아메리카 동부에 있는 연방 공화국.
□ 일	여러 가지 자질구레한 일.
깁 □	석고 붕대.

□□□ □□

5 지금까지 살면서 가장 힘들었던 적을 떠올려 보고, 어떤 일이었는지 써 봅시다.

____

____

1 다음 줄거리를 읽고, 사건의 흐름에 알맞게 만화로 그려 봅시다.

나는 20살 때 부모님 차고에서 전 직원 2명으로 회사를 설립하였다. 열심히 노력하여 10년 후 4,000명의 종업원을 거느린 기업으로 성장시켰다. 그러나 30살 때 내가 세운 회사에서 해고를 당했다. 하지만 좌절하지 않고 다시 일을 시작하여 새로운 회사를 설립하였다. 5년 후 나는 새로운 회사를 통해 전에 세운 회사까지 인수하게 되었다. 현재 내가 세운 회사는 더욱 발전하여 세계 최고의 회사가 되었다.

만화 그리는 순서
① 전체적인 줄거리를 생각합니다.
② 중요한 내용만 간추립니다.
③ 밑그림을 그립니다.
④ 밑그림 위에 덧그림을 그립니다.
⑤ 말주머니에 들어갈 말을 작성합니다.

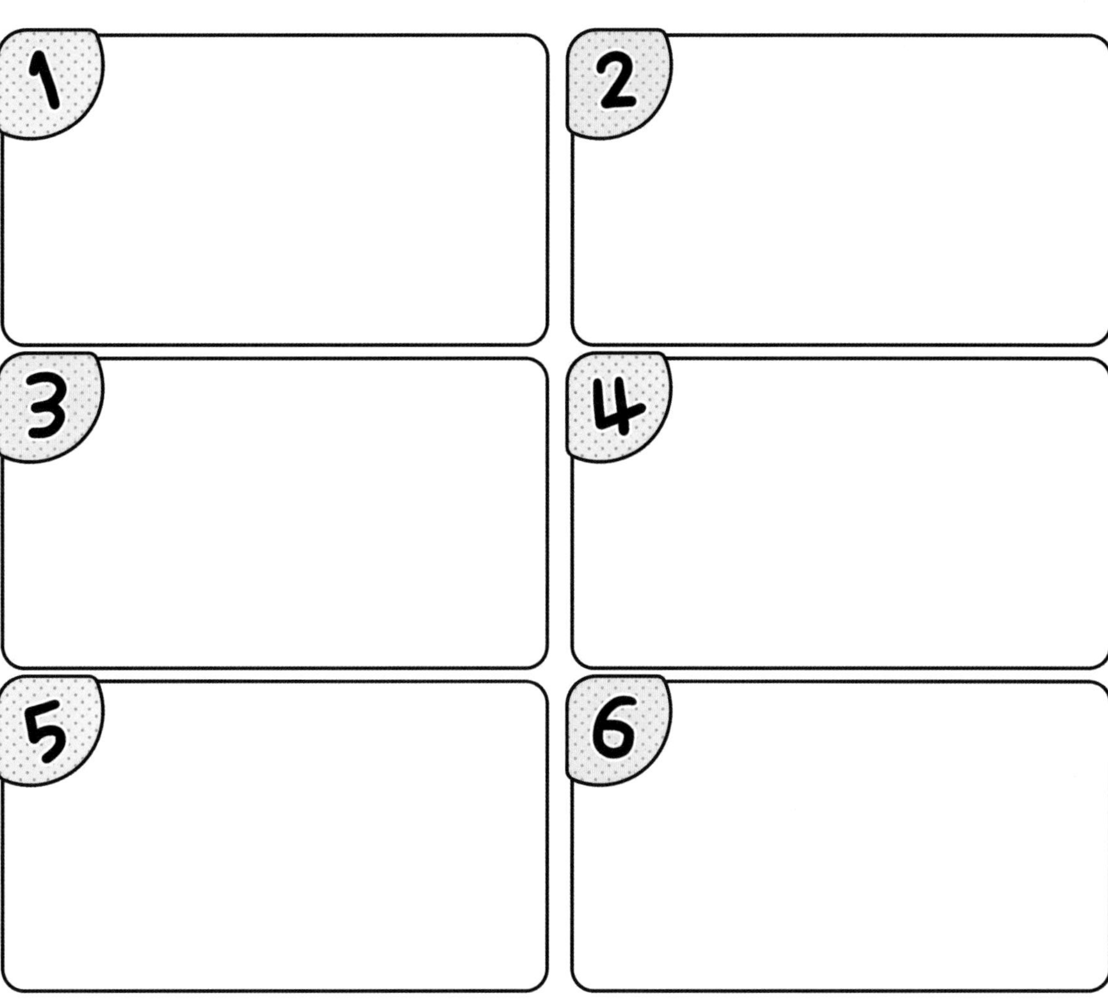

2 만약 자신이 문제 **1**의 이야기 속 주인공이라면 어떤 생각과 느낌이 들었을지 써 봅시다.

- 자신이 세운 회사에서 해고당했을 때

- 새로 세운 회사를 통해 전에 세운 회사를 인수했을 때

스탠퍼드대 연설문

스티브 잡스(강홍식 옮김)

연설문은 여러 사람 앞에서 자신의 의견이나 주장을 말하기 위해 적은 글입니다.

저는 운이 좋아 인생에서 정말 하고 싶은 일을 일찍 발견했습니다. 제가 20살 때, 부모님의 차고에서 스티브 워즈니악과 함께 애플을 만들었습니다. 차고에서 2명으로 시작한 애플은 10년 후에 4,000명의 종업원을 거느리게 되었고 2백억 달러의 가치를 지닌 기업이 되었습니다. 제 나이 29살 때, 우리는 최고의 작품인 매킨토시를 출시했습니다.

그러나 저는 이듬해 해고당했습니다. 제가 세운 회사에서 제가 해고당했습니다. 그 당시 저는 애플이 성장함에 따라 저와 잘 맞는 유능한 경영자를 데려왔습니다. 존 스컬리가 온 후 처음 1년은 그런대로 잘 운영되었습니다. 그런데 언제부턴가 저와 존 스컬리의 생각은 어긋나기 시작하였고, 결국 우리 둘의 사이도 멀어지게 되었습니다.

힘든 시기 우리 회사의 경영진들은 존 스컬리의 편을 들었고, 저는 30살에 쫓겨나야만 했습니다. 그것은 세상에 다 알려졌습니다. 저는 인생의 목표를 잃어버렸고, 뭐라 말할 수 없는 참담한 심정을 느꼈습니다.

저는 마치 계주 달리기에서 바통을 놓친 선수처럼 몇 개월 동안 아무것도 할 수 없었습니다. 선배 벤처 기업인들에게 미안한 마음이 들어 데이비드 패커드(HP의 공동 창업자)와 밥 노이스(인텔 공동 창업자)를 만나 사업을 실패한 것에 대해 사과했습니다. 저는 완전히 '공공의 실패작'으로 전락했고, 실리콘 밸리에서 도망치고 싶었습니다.

그러나 제 마음속에서 뭔가가 천천히 다시 일어나기 시작했습니다. 애플에서 겪었던 가슴 아픈 일들조차 제가 하는 일을 포기하게 만들지 못했습니다. 전 해고당했지만, 여전히 일에 대한 사랑은 식지 않았습니다. 그래서 전 다시 시작하기로 결심했습니다.

이런 말 이런 뜻

종업원: 어떤 일을 하는 사람.
해고: 회사에서 쫓겨나감.

1 **스티브 잡스는 처음에 누구와 어디에서 회사를 만들었는지 써 봅시다.**

2 **30살에 자신이 세운 회사에서 쫓겨난 스티브 잡스는 어떤 심정이었는지 써 봅시다.**

3 **스티브 잡스가 다시 일을 시작하기로 결심한 이유를 써 봅시다.**

애플에서 해고당한 것이 제 인생 최고의 사건임을 그 당시에는 몰랐습니다. 그 사건으로 저는 성공이라는 중압감에서 벗어나 초심자의 마음으로 돌아갈 수 있었고, 그 덕분에 자유를 만끽할 수 있었습니다.

그래서 저는 제 인생 최고의 창의력을 발휘할 수 있었습니다. 저는 그 사건 이후 5년 동안 '넥스트', '픽사' 그리고 지금 제 아내가 되어준 그녀와 사랑에 빠질 수 있었습니다.

픽사는 세계 최초 3D 애니메이션인 '토이 스토리'를 제작하였고, 지금은 세계에서 가장 성공한 애니메이션 제작 회사가 되었습니다.

세기의 사건으로 평가되는 저의 애플 복귀 이후 애플은 넥스트를 인수하였고, 제가 넥스트 시절 개발했던 기술들이 현재 애플의 중추적인 역할을 하고 있습니다. 또한 저는 로렌과 행복한 가정을 꾸리고 있습니다. 애플에서 해고당하지 않았다면, 이런 엄청난 일들을 겪을 수도 없었을 것입니다.

정말 독하고 쓰디 쓴 약이었습니다. 이러한 약도 필요한 환자가 있는가 봅니다. 때론 세상이 당신을 속일지라도, 결코 믿음을 잃지 마십시오. 저는 반드시 인생에서 해야만 하는 일이 있었기에, 꼭 이겨내리라 확신했습니다. 당신이 사랑하는 일을 찾아보세요. 사랑하는 사람이 내게 먼저 다가오지 않듯, 일도 그런 것입니다.

일은 인생의 대부분을 차지합니다. 그런 거대한 시간 속에서 진정한 기쁨을 누릴 수 있는 방법은 스스로가 위대한 일을 한다고 자부하는 것입니다. 자신의 일이 위대하다고 자부할 수 있을 때는 사랑하는 일을 하고 있는 그 순간뿐입니다. 지금 찾지 못했거나, 잘 모르겠다고 해도 주저앉지 말고 포기하지 마세요. 진심을 다하면 반드시 찾을 수 있습니다. 일단 한 번 찾아낸다면, 서로 사랑하는 연인들처럼 시간이 가면 갈수록 더욱 더 깊어질 것입니다. 그러니 그것들을 찾아낼 때까지 포기하지 마세요. 현실에 주저앉지 마세요.

이런 말 이런 뜻

초심자: 어떤 일을 처음 배우는 사람.
중추적: 가장 중요한 부분이나 자리가 되는. 것.

4 **스티브 잡스가 애플에서 해고당한 후에 최고의 창의력을 발휘할 수 있었던 이유를 써 봅시다.**

5 **스티브 잡스는 세상이 자신을 속일지라도 어떻게 해야 한다고 했는지 써 봅시다.**

6 **스티브 잡스는 자신의 일이 위대하다고 자부할 수 있을 때가 언제라고 했는지 써 봅시다.**

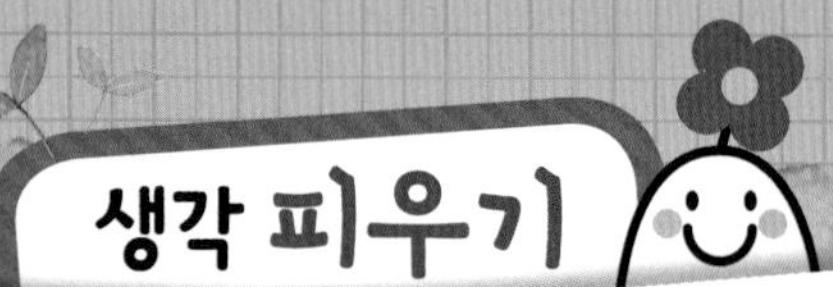

1 스티브 잡스의 「스탠퍼드대 연설문」의 내용을 떠올려 보고, 맞는 내용이면 ◯하고, 틀린 내용이면 ╳해 봅시다.

'나'는 부모님 차고에서 회사를 설립하였다.	
'나'는 처음부터 끝까지 애플 경영진과 사이가 좋았다.	
'나'는 회사에서 해고를 당한 후 몇 개월 동안 아무 일도 할 수 없었다.	
'내'가 넥스트 시절 개발했던 기술들이 애플의 중추적인 역할을 하였다.	
'나'는 실패를 하면서 그것을 이겨내리라는 믿음을 완전히 잃어버렸다.	
'나'는 진정한 기쁨을 누릴 수 있는 방법은 스스로가 위대한 일을 한다고 자부하는 것이라고 믿고 있다.	

1 스티브 잡스가 연설문을 통해 말하고자 했던 내용을 정리하고, 자신의 생각이나 느낌을 써 봅시다.

■ 스티브 잡스가 말하고자 했던 내용

■ 자신의 생각이나 느낌

생각 퍼뜨리기

1 스티브 잡스의 「스탠퍼드대 연설문」을 떠올리며 그의 인생 감정 그래프를 그려 봅시다.
(파란색으로 표시)

기분 좋다

기분 나쁘다

20살	29살	30살	35살	50살
회사 설립	매킨토시 출시	해고	넥스트, 픽사 만듦	스탠퍼드대 연설

스티브 잡스와 나의 인생 그래프 색깔을 다르게 표현하면 비교하기가 쉽습니다.

2 나의 인생 모습을 예상하여 쓰고, 문제 **1**의 그래프에 나의 인생 감정 그래프를 그려 봅시다.(빨간색으로 표시)

20살	
29~30살	
35살	
50살	

3 스티브 잡스의 인생 감정 그래프와 나의 인생 감정 그래프를 비교해 보고, 생각과 느낌을 써 봅시다.

B-3 방학 생활 계획표는 필요한가

공부한 날 ________년 ________월 ________일

공부할 문제

'방학 생활 계획표는 필요한가'에 대해 연설문을 써 봅시다.

1 어제 있었던 일들을 떠올려 보고 하루 일과를 다음 표에 작성해 봅시다.

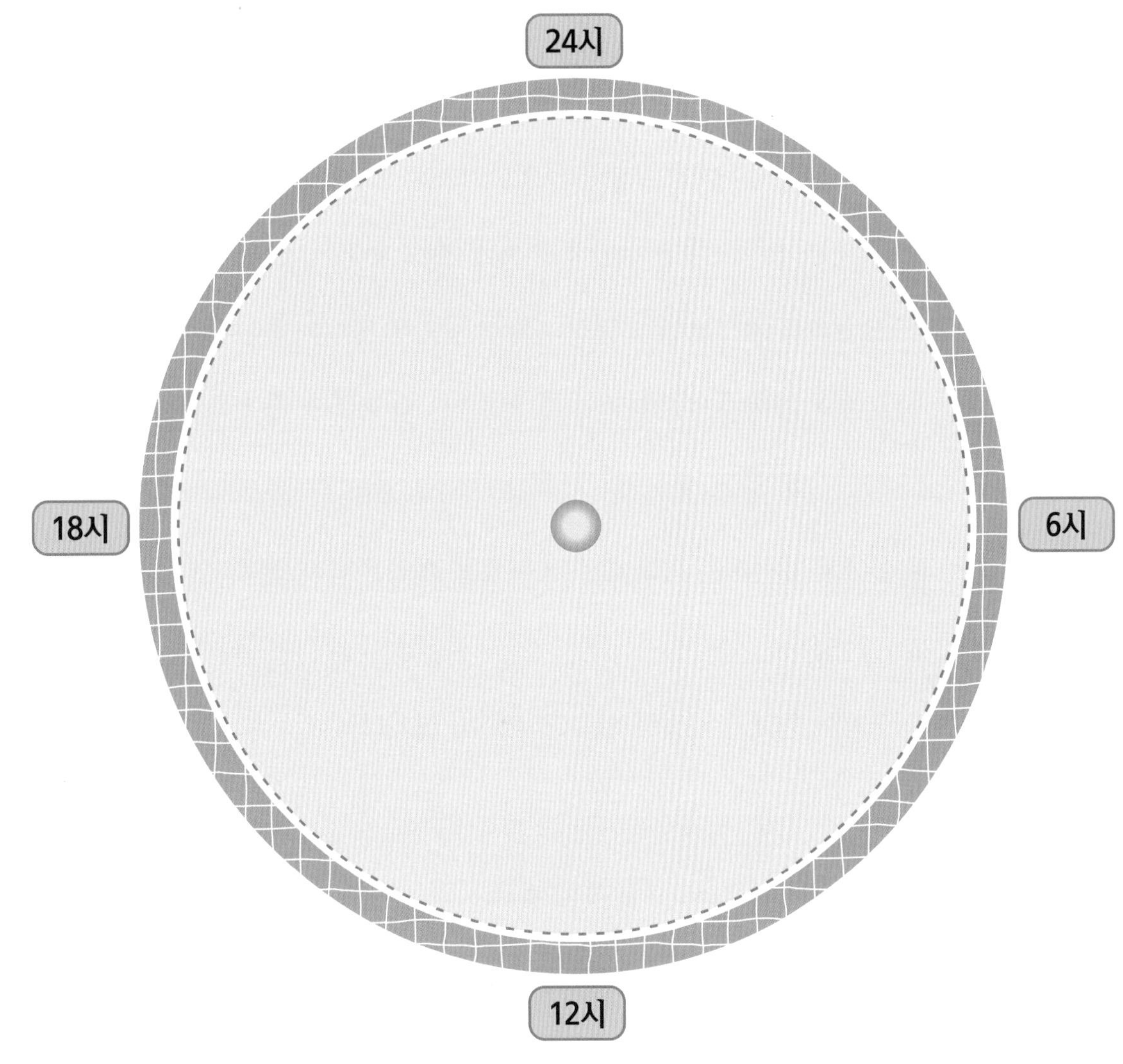

이런 말 이런 뜻

일과: 날마다 규칙적으로 하는 일정한 일.

2 문제 1의 하루 일과 중 가장 기분 좋았던 일은 무엇인지 써 봅시다.

3 문제 1의 하루 일과 중 가장 힘들었던 일은 무엇인지 써 봅시다.

4 문제 1의 하루 일과표를 보고 하루 동안 있었던 일을 간단하게 정리하여 봅시다.

1 다음 재민이의 일기를 읽고, 물음에 답해 봅시다.

날짜: 20○○년 ○월 ○일 날씨: 맑음

아침부터 엄마에게 꾸중을 들었다. 방학이라 늦잠을 자도 되지만, 너무 늦게 일어난다는 것이다. 방학만큼은 내가 하고 싶은 대로 하고 싶은데……. 엄마는 규칙적으로 생활하지 않는다고 걱정하신다. 그러나 방학 동안은 평소에 하지 못했던 것을 마음껏 할 수 있는 시간이다. 방학 동안 엄마가 나를 편하게 내버려 두면 좋겠다.

1 이 글에서 재민이는 엄마에게 왜 꾸중을 들었는지 써 봅시다.

2 이 글에서 엄마가 걱정하시는 이유를 써 봅시다.

2 엄마의 일기를 읽고, 물음에 답해 봅시다.

날짜: 20○○년 ○월 ○일 날씨: 맑음

방학이 되니 재민이가 너무 나태해져서 큰일이다. 밤 늦게 자고 아침에도 늦게 일어난다. 방학이라 조금은 자유롭게 생활할 수 있지만 해도 해도 너무한다. 자신의 일에 책임감을 가지고 열심히 생활하지 않는 것이 가장 큰 걱정이다. 그래서 아침부터 잔소리를 했다. 앞으로 방학 생활 계획표를 만들고 계획표대로 하루 일과를 보내게 해야겠다.

이런 말 이런 뜻

꾸중: 아랫사람의 잘못을 꾸짖는 말.

나태하다: 행동, 성격 따위가 느리고 게으르다.

1 이 글에서 엄마의 가장 큰 걱정은 무엇인지 써 봅시다.

2 이 글에서 엄마는 재민이에게 어떻게 하려고 생각하시는지 써 봅시다.

1 엄마께서 마트에 가서 다음 물건들을 사 오라고 심부름을 시켰습니다. 물음에 답해 봅시다.

> 치즈, 돼지고기, 사이다, 양파, 고등어, 간장, 포도, 치약, 종이컵, 라면, 연필, 양말

이런 말 이런 뜻

유제품: 우유를 가공하여 만든 식품.

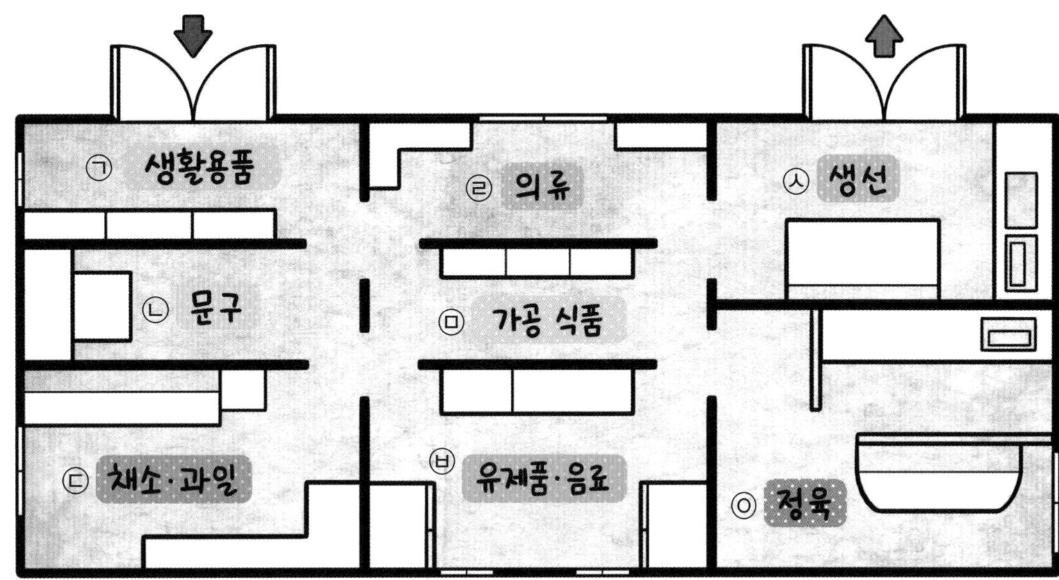

1 각 코너에서 사야 할 물건을 정리해 봅시다.

생활용품	치약, 종이컵	가공 식품	
문구		유제품 · 음료	
채소 · 과일		생선	
의류		정육	

2 마트에서 어떤 코너 순서로 장을 보면 좋을지 순서대로 기호를 써 봅시다.

입구 ➡ (　　　) ➡ (　　　) ➡ (　　　) ➡ (　　　)
➡ (　　　) ➡ (　　　) ➡ (　　　) ➡ (　　　) ➡ 출구

3 이와 같이 계획하고 장을 보면 어떤 점이 좋을지 써 봅시다.

2 다음 글에서 목적을 세우고 계획을 짜서 여행을 하면 어떤 점이 좋다고 하였는지 써 봅시다.

목적에 따라 계획을 세우고 여행을 떠나면 시간을 헛되이 보내지 않는다. 여행 중 무엇을 할 것인가 혼란스럽지 않고 보다 많은 체험을 할 수 있다. 또 여행을 마치고 되돌아보았을 때 후회하는 경우가 적다.

____

____

3 다음 낱말 중 일을 할 때 계획을 세우면 좋은 점에 ○하고 그 이유를 써 봅시다.

■ 이유: ______________________________

4 방학 생활 계획표를 만들었을 때와 만들지 않았을 때 생활 모습이 어떻게 달라질지 생각하여 써 봅시다.

만들었을 때	만들지 않았을 때

1 방학 생활 계획표가 없을 때 일어날 수 있는 문제점을 모두 찾아 ○해 봅시다.

자신의 생활을 반성할 수 있다.	( )
계획한 일을 실행하기 힘들어진다.	( )
시간을 효과적으로 사용할 수 없다.	( )
문제점이 발견되면 수정할 수 있다.	( )
하고 싶은 일을 체계적으로 할 수 없다.	( )
좋아하는 것과 해야 하는 것을 구분할 수 없다.	( )

2 다음은 방학 생활 계획표 작성 시 주의할 점입니다. 보기에서 알맞은 말을 찾아 빈칸에 기호를 써 봅시다.

보기

㉠ 실행 ㉡ 수정 ㉢ 시간 ㉣ 해야 할 일 ㉤ 좋아하는 일

- 첫째, 자신이 (   )과(와) (   )을(를) 구분한다.
- 둘째, 계획한 일이 (   )될 수 있게 계획한다.
- 셋째, 잘못된 일을 (   )할 수 있는 여건을 마련한다.
- 넷째, 반성할 수 있는 (   )을 포함한다.

3 '방학 생활 계획표는 필요한가'에 대한 자신의 입장과 그렇게 생각하는 이유를 써 봅시다.

초고 쓰기

1 방학 생활 계획표를 만들면 좋은 점을 생각하여 글로 써 봅시다.

제목: ______________________

방학 때는 평소와 달리 자신이 활용할 수 있는 시간이 많다. 그래서 방학 동안 친구들은 자신이 하고 싶어 하는 일을 계획한다. 하지만 많은 학생이 방학을 무의미하게 보낸다.

____

____

방학 동안 방학 생활 계획표를 만들지 않으면 다음과 같은 문제점이 생긴다.

____

____

____

그래서 방학 동안에는 방학 생활 계획표를 만들어야 한다.

그러나 방학 생활 계획표를 아무렇게나 만들면 안 된다. 그래서 방학 생활 계획표를 작성할 때는 다음과 같은 점을 주의해야 한다.

____

____

____

____

방학 생활 계획표를 만들면 다음과 같은 좋은 점이 있다.

____

____

____

위와 같은 이유로 우리는 방학이 시작될 때 ______________________

____

방학 생활 계획표를 만들었을 때의 좋은 점과 만들지 않았을 때 발생하는 문제점을 생각해 봅시다.

1 '방학 생활 계획표는 필요한가'에 대한 연설을 하려고 합니다. 다음 내용을 써 봅시다.

- 연설 제목: ______________________
- 연설 대상: ______________________
- 연설 시간: ______________________
- 연설 장소: ______________________

2 연설문의 특징으로 알맞은 것을 모두 찾아 ○해 봅시다.

목적은 듣는이를 설득하는 것이다.	듣는이의 특징과 연설 시간을 생각하며 쓴다.	처음 부분에는 듣는이의 관심을 끄는 말을 쓴다.
(　　　)	(　　　)	(　　　)
여러 사람 앞에서 말하기 위한 것이므로 반말을 쓴다.	듣는이가 이해하기 쉽게 문장이나 낱말을 반복하지 않는다.	끝부분은 듣는이의 변화를 이끌어 낼 수 있는 희망적인 말을 쓴다.
(　　　)	(　　　)	(　　　)

3 '방학 생활 계획표는 필요한가'에 대해 연설문을 쓰려고 합니다. 다음 내용을 써 봅시다.

- 듣는이의 관심을 끄는 내용: ______________________

____

- 반복적인 낱말이나 문장: ______________________

____

- 희망적인 말: ______________________

____

4 '방학 생활 계획표는 필요한가'에 대해 자신의 의견을 담아 연설문을 써 봅시다.

제목: ______________________

■ 듣는이의 관심을 끄는 말 쓰기

연설문을 작성한 후 짝이나 모둠원을 대상으로 연설하여 봅시다.

■ 이해하기 쉽게 문장이나 낱말을 여러 번 반복하여 쓰기

■ 희망적인 말이 담긴 마무리 글 쓰기

어떤 일을 성공하기 위해서는 그 일에 1만 시간 동안 최선을 다해야 한다고 합니다.

1 나의 꿈을 이루기 위해 해야 할 일을 생각하여 하루 일과표를 만들어 봅시다.

1 나의 꿈: ______________________

2 꿈을 이루기 위해 꼭 해야 할 일: ______________________

____

3 하루 일과표

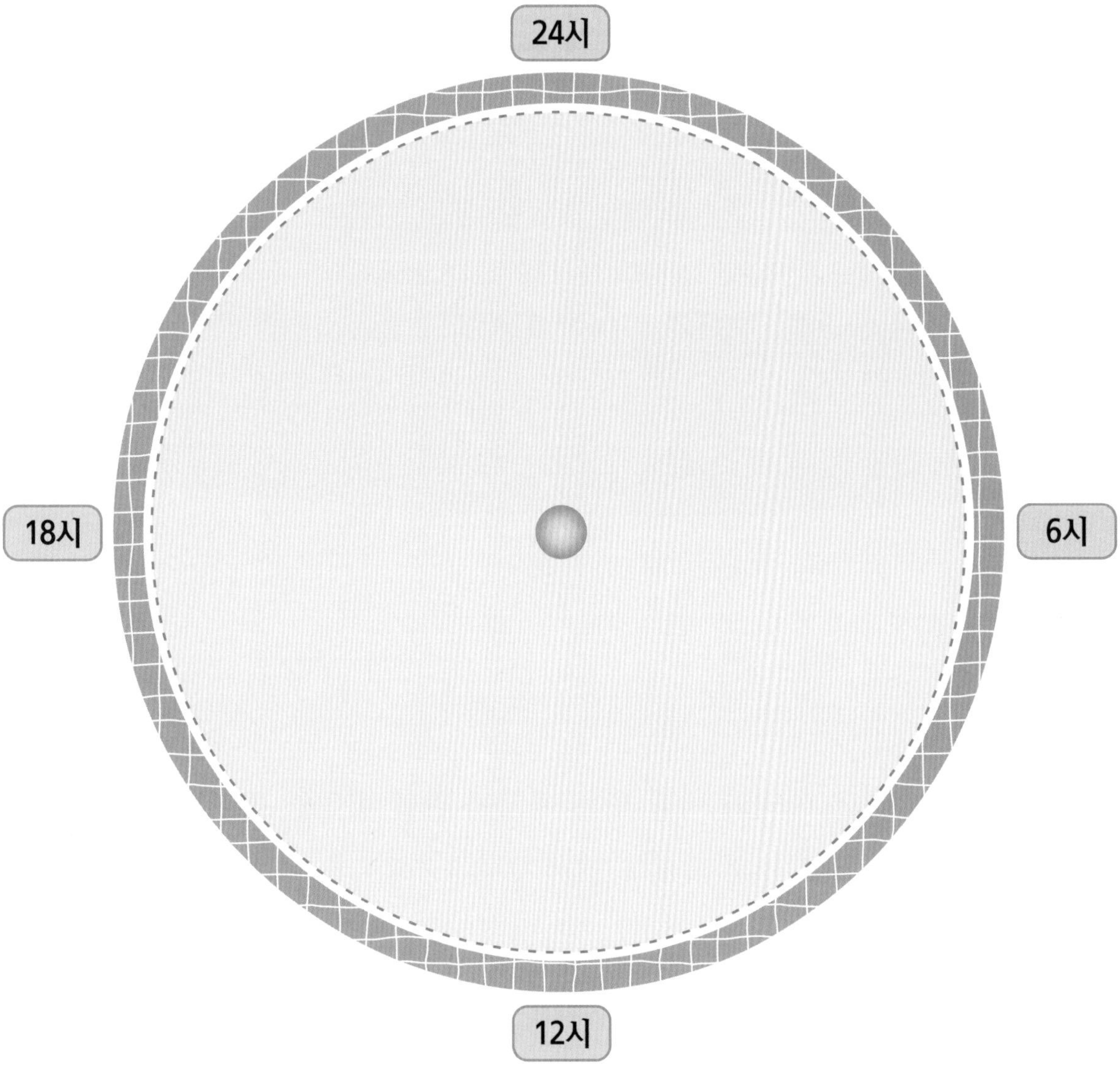

24시

18시

6시

12시

4 위에서 세운 하루 일과표대로 생활을 하면, 어떤 생각이나 느낌이 들지 써 봅시다.

____

____

____

C

우리말 나들이

예절은 예의와 범절 또는 예의에 관한 범절을 말합니다. 예의란 존경의 뜻을 표하는 몸가짐 또는 예의를 갖추어서 하는 말씨나 몸가짐을 뜻합니다. 그리고 범절이란 모든 절차 또는 일이나 물건이 지닌 모든 질서와 절차를 가리키는 말입니다.

C-1. 괭이부리말 아이들

■ **생각틔우기**
이웃의 의미를 알고 언어 사용 경험 떠올리기

■ **생각키우기**
사건의 순서를 예측하며 내용 파악하기

■ **생각피우기**
읽은 내용을 정리하며 느낌과 생각 나타내기

■ **생각퍼뜨리기**
고운 말을 사용하자는 공익 광고 만들기

C-2. 고운 말을 사용합시다

■ **생각틔우기**
논설문의 특성 알기

■ **생각키우기**
논설문의 내용 파악하기

■ **생각피우기**
읽은 내용을 정리하며 느낌과 생각 나타내기

■ **생각퍼뜨리기**
언어 예절에 대한 주장과 근거 쓰기

C-3. 유행어를 사용해야 하는가

■ **생각틔우기**
유행어에 대해 알기

■ **생각키우기**
유행어 사용의 장 · 단점 알기

■ **생각피우기**
유행어 사용에 대해 입장을 정하여 글쓰기

■ **생각퍼뜨리기**
'유행어를 사용해야 하는가'에 대한 주장하는 글을 원고지에 쓰기

C-1 괭이부리말 아이들

공부한 날 ________년 ________월 ________일

공부할 문제

『괭이부리말 아이들』을 읽고 진정한 이웃의 의미를 생각해 봅시다.

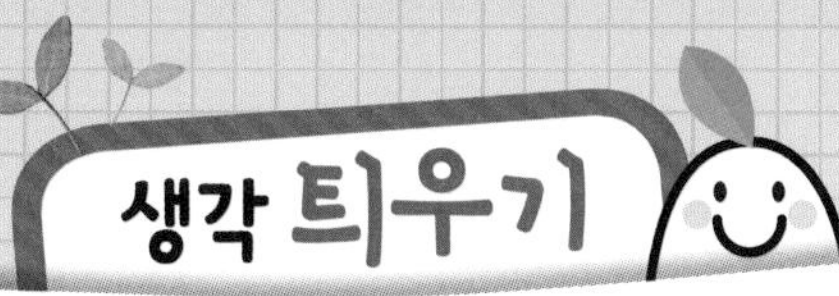

1 다음 설명에 알맞은 낱말을 써 봅시다.

서로 이웃에 살면서 정이 들어 사촌 형제나 다를 바 없이 가까운 사이.

이			

2 동네에 다른 이웃 없이 우리 가족만 산다면 어떻게 될지 생각하여 써 봅시다.

- 동네를 우리 가족 마음대로 사용해서 편할 것 같다.
-
-

3 지금까지 살면서 이웃과 나눈 대화 중에서 기분 좋았던 말과 기분 나빴던 말을 써 봅시다.

- 기분 좋았던 말

- 기분 나빴던 말

4 높임말을 써 본 경험을 떠올려 보고, 윗사람과 아랫사람에게 쓰는 말이 다른 이유를 써 봅시다.

1 다음 낱말 퍼즐을 풀어 봅시다.

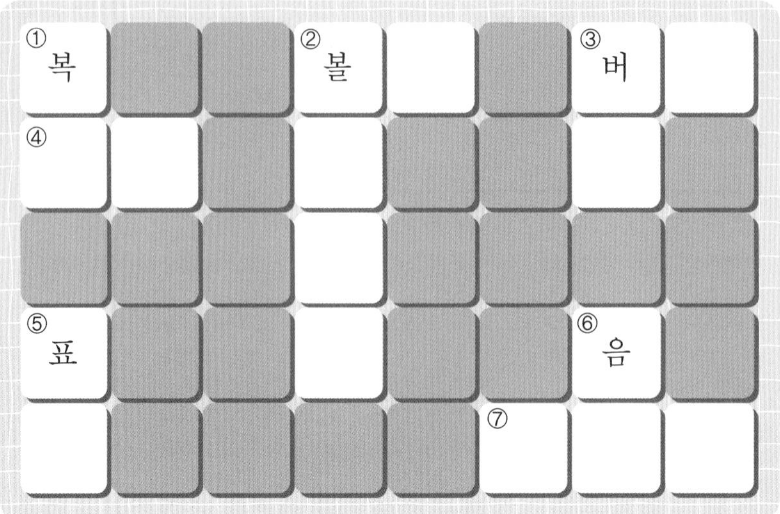

가로

② 펜 끝의 작은 강철 알이 움직이면서 잉크를 내는 필기도구.
③ 백선균에 의해 주로 얼굴에 생기는 피부병.
④ 학교에 다니며 공부하는 사람.
⑦ 돈을 내라는 문서(종이).

세로

① 학생이 다시 학교로 복귀함.
② 서운하거나 성이 나서 퉁명스럽게 하는 말투.
③ 많은 사람이 함께 타는 대형 자동차.
⑤ 사납고 독살스러움.
⑥ 햇볕이 잘 들지 않는 그늘진 곳.

2 다음 낱말을 넣어 짧은 글을 지어 봅시다.

복학

음지

볼멘소리

예측하기

인과 관계란 어떤 일과 그 후에 발생한 일 사이의 원인과 결과입니다.

1 다음 문장을 읽고 인과 관계에 맞게 사건이 일어난 순서를 예측하여 빈칸에 알맞은 숫자를 써 봅시다.

내용	순서
동준이와 동수는 영호 삼촌네 집에서 같이 살았다.	1
동수는 영호 삼촌과 말다툼을 한 후 집을 나갔다.	
동준, 동수, 명환이는 영호 삼촌네 집에서 같이 살게 되었다.	
영호 삼촌은 누구 마음대로 명환이를 데려왔냐면서 동수에게 화를 냈다.	
동준이가 집에 와 보니 집을 나갔던 동수가 명환이와 함께 돌아와 있었다.	

2 문제 **1**의 답과 같이 사건의 순서를 예측한 이유를 써 봅시다.

괭이부리말 아이들

■ 출처
『괭이부리말 아이들』
글 김중미
/ 창비

영호는 아침마다 동준이가 학교 갈 시간에 맞춰 아침을 준비하는 일이 마냥 즐거웠다. 동준이와 동수를 깨워 밥상 앞에 앉으면 어머니가 살아 있을 때처럼 마음이 따뜻해졌다.

동준이는 영호네 집에 온 지 얼마 되지 않아서 얼굴에 드리워 있던 그늘도 지워지고 버짐도 조금씩 없어졌다. 가끔씩 영호에게 장난을 걸어 오기도 했다. 그러나 동수는 영호에게 좀처럼 곁을 주지 않았다. 동수가 본드를 하지 않도록 밖에 나가지 못하게 하는 것이 제일 어려운 일이었다. 영호는 날마다 동수와 실랑이를 벌여야 했다.

일을 하지 않고 지낸 지 두 달이 가까워 오고 있었다. 며칠 전, 같이 일하던 아저씨한테 함께 충주에 가서 일하지 않겠냐는 연락이 왔지만 다시 동수와 동준이만 남겨 놓을 수 없어 거절을 한 터였다. 이제 생활비도 다 떨어져 가고 있다.

아침밥을 먹다가 영호는 동수에게 조심스레 물었다.

"너 학교 언제 그만뒀어?"

"그건 왜 물어요? 어차피 그만둔 학굔데."

"내가 알아봤더니 복학할 수도 있다던데."

"다시 갈 것 같으면 그만두지도 않았어요."

"혹시 퇴학이 아니라 자퇴처럼 한 거면 다른 고등학교로 갈 수도 있대."

"관심 없어요. 왜 자꾸 귀찮게 굴어요."

동수는 숟가락을 던지며 성깔을 부리더니 일어나서 안방으로 들어가 라디오를 있는 대로 크게 틀었다.

영호는 동준이를 학교에 보낸 뒤 안방으로 들어가 라디오를 껐다.

"너, 나랑 얘기 좀 하자."

"에이 씨, 며칠 밥 먹여 주구 재워 줬다구 유세하는 거예요? 왜 간섭이에요?"

동수는 벌떡 일어나 영호를 밀치더니 밖으로 나가 버렸다. 영호가 붙잡을 새도 주지 않았다.

영호는 동수가 나간 뒤 한참을 생각했다.

'내가 왜 이 아이들 일에 끼어들고 있는 거지? 정말 먹여 주고 재워 줬다는 이유로 이 아이들 일에 간섭할 자격이 있나?'

어려운 낱말인 경우 앞뒤 문장을 살펴보면 낱말의 뜻을 예측해 볼 수 있습니다.

이런 말 이런 뜻

실랑이: 옳으니 그르니 하며 남을 못살게 굴거나 괴롭히는 일.
유세: 자랑삼아 세력을 부림.

1 영호 삼촌은 동준이와 동수를 깨워 밥상 앞에 앉으면 마음이 어떠했는지 써 봅시다.

2 동수가 안방으로 들어가 라디오를 크게 튼 이유를 써 봅시다.

"동준아, 동준아."

동준이는 숙자와 숙희가 자기를 부르며 뛰어오는 것을 알면서도 대답도 않은 채 땅만 보고 걷고 있다.

숙희가 먼저 동준이 곁으로 다가와 팔짱을 꼈다.

"너 삐쳤냐?"

동준이는 대답은 않고 숙희의 팔을 매몰차게 빼 버렸다. 조금 늦게 온 숙자도 동준이 옆에 섰다.

"동준아, 너 왜 그래?"

숙자가 다정하게 물었다. 동준이는 숙자에게 아무 일도 아니라고 말하고 싶었다. 그렇지만 숙희가 동준이의 입을 막아 버린다.

"얘, 삐쳤어." / "왜?"

숙자는 숙희를 보며 물었다.

"내가 동준이는 엄마, 아빠도 없는 애라구 했다구 삐쳤어."

"왜 그런 말을 하니? 하여간 너는……."

숙자는 얼굴빛을 붉혀 가며 숙희를 나무랐다.

"얘가 먼저 울 엄마 임신했다구 소문 퍼트렸단 말야."

숙희가 볼을 부풀리며 불퉁스럽게 말했다.

"넌 엄마 임신한 게 뭐 어때서 자꾸 그래."

숙자는 동준이의 표정을 살폈다.

"난 안 괜찮아. 쪽 팔린다구. 지가 먼저 내 기분 잡쳐 놓고 쩨쩨하게 삐치고 있어."

숙희가 새쭉해진 얼굴로 동준이를 보며 볼멘소리를 하자 동준이는 숙희에게 얼굴을 바짝 들이대며 따졌다.

"니네 엄마 임신했다고 말한 게 그렇게 큰 잘못이야? 숙자는 좋다구 그랬단 말야. 그래서 나두 희철이한테만 얘기한 거라구. 근데 넌 교탁에 올라가서 애들 다 들으라구 소리 질렀잖아. 이제 내가 아빠도 없는 애라는 걸 반 애들이 다 알잖아."

동준이의 목소리가 떨렸다. 그걸 본 숙자는 난처한 얼굴을 하고 숙희의 옆구리를 찔렀다. 그러나 숙희는 아랑곳 않고 여전히 표독스럽게 동준이한테 쏘아붙였다.

"그게 뭐 어때서? 너네 엄마, 아빠 없는 거 사실인데, 그게 뭐 어때서?"

"자기네는 이제 엄마, 아빠 다 있다구 잘난 척하구 있어. 지네 엄마 없을 땐 안 그래 놓고 이젠 날 무시하고 있어."

동준이는 그만 울음을 터뜨렸다. 동준이가 울자 이번엔 숙희도 움찔했다. 동준이는 아버지가 집을 나간 지난 봄에도 울지 않았다. 늘 속없는 아이처럼 잘 웃고 좀처럼 화를 내지 않았다. 그런 동준이가 울음을 터뜨리자 숙희도 당황스러웠다.

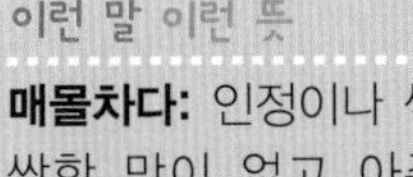

매몰차다: 인정이나 싹싹한 맛이 없고 아주 쌀쌀맞다.

교탁: 수업이나 강의를 할 때에 책 따위를 올려놓기 위하여 교단 앞이나 위에 놓은 탁자.

3 동준이가 숙희한테 삐친 이유는 무엇인지 써 봅시다.

동준이가 쉽게 울음을 그칠 것 같지 않자 점점 난처한 얼굴을 하던 숙희는 동준이 코앞에다가 머리를 디밀며 말했다.

"야, 야, 그렇게 억울하면 울지 말고 차라리 날 때려라, 때려."

동준이는 그런 숙희를 한 번 노려보더니 말리는 숙자의 손도 뿌리치고 뛰어가 버렸다.

동준이는 오랜만에 집 앞에 섰다. 영호네 집에서 지낸 뒤 처음 와 보는 것이다. 불과 열흘 남짓 지났는데도 사람이 오랫동안 살지 않은 집 같았다. 동준이는 혹시 편지라도 온 게 없을까 하고 문틈 사이로 부엌을 들여다보다가 목에 걸고 다니던 열쇠를 꺼내 문을 열었다. 혹시 다녀간 사람은 없는지, 아버지가 다녀간 흔적은 없는지 둘러보았다. 내려앉은 싱크대도, 큰 바퀴벌레도 모두 그대로였다. 마루 밑에 쌓인 우편물들은 전기세, 수도세 고지서뿐이었다.

동준이는 마루에 앉았다. 그리고 참으로 오랜만에 아버지 생각을 했다. 보고 싶었다. 그러나 동준이는 이내 보고픈 아버지의 얼굴을 마음 깊이 눌러 넣어 버렸다. 어머니가 보고 싶을 때도 늘 그렇게 했다. 그 버릇은 이미 동준이가 여섯 살이던 때부터 길들여 놓은 것이다.

동준이는 숙자 어머니가 다시 온 뒤 자꾸만 마음 한구석이 쓸쓸해졌다. 숙자, 숙희와 노는 것도 뜸해졌다. 그런 데다 오늘 숙희 앞에서 울어 버리기까지 한 것이 너무 속상했다. 그동안 잘 참아 온 것이 일시에 다 무너진 것 같아 창피하고 억울했다.

동준이는 갑자기 영호 삼촌이 보고 싶었다. 영호네 집으로 가서 영호 삼촌하고 레슬링이라도 신나게 한판 해야겠다고 생각했다. 동준이는 자꾸 슬퍼지는 마음에서 벗어나고 싶었다. 그래서 서둘러 집을 나와 열쇠로 문을 잠갔다. 그리고 영호네로 뛰어갔다.

이제 겨우 열흘밖에 함께 살지 않았지만 동준이는 영호 삼촌이 어머니보다도, 아버지보다도 더 가깝게 느껴졌다. 자다가 영호 삼촌의 통나무같이 굵고 무거운 다리에 깔려 숨이 막힐 때도 있고 발로 차여 아래턱이 얼얼할 때도 있지만, 길고 긴 밤을 함께 지낼 사람이 있다는 게 그저 좋았다. 어쩌다 영호 삼촌이 먼저 잠들어 코고는 소리가 요란할 때도 동준이는 그 소리가 마치 자장가처럼 들렸다. 그런데 요즘 형이 다시 집에 안 들어오는 것이 불안했다. 혹시라도 형 때문에 영호 삼촌과 못 살게 될까 봐 걱정이 되었다.

현관 문을 여니 신발이 두 켤레 놓여 있는데 영호 신발은 없다. 동준이는 갑자기 이상한 느낌이 들었다. 방문을 여니 동수와 명환이가 있었다. 본드 냄새가 방 안 가득했다. 명환이는 벽에 기대 눈을 감고 있었고 동수는 누워 있다가 일어나 앉았다.

동준이 생각대로 동수는 눈동자가 다 풀려 있었다.

이런 말 이런 뜻

고지서: 돈을 내라는 문서(종이).

얼얼하다: 상처 따위로 몹시 아린 느낌이 있다.

내용 파악하기

4 **동준이는 아버지가 보고 싶을 때 어떻게 하였는지 써 봅시다.**

5 **동준이는 형이 집에 안 들어오는 것이 왜 불안하였는지 써 봅시다.**

'혀가 풀린'과 '혀가 꼬여'의 뜻을 생각하며 글을 읽어 봅시다.

"형, 뭐야?"

동준이는 화가 났다. 이 모습을 영호 삼촌이 볼까 봐 걱정이 됐다. 동준이는 얼른 창문을 열면서 울상을 짓고 말했다.

"형, 이게 뭐야. 삼촌한테 들키면 어쩌려구."

"뭐가 뭐야, 이 짜아식아."

동수는 혀가 풀린 소리로 말했다.

"이제 형, 그러지 않기로 했잖아."

"그래, 오늘 따아악 한 번만 한 거야. 이 형이 너무 괴롭고 생각할 게 좀 있어서 그랬다, 이거야."

동수는 천천히 말을 하더니 그대로 다시 방에 누워 버렸다.

그때 영호가 들어왔다.

방을 휘휘 둘러보는 영호의 얼굴이 붉으락푸르락하더니 곧 누워 있는 동수에게로 가 불끈 화를 냈다.

"이 새끼, 너 일어나."

그래도 동수가 꿈쩍 않고 누워 있자 영호는 동수의 옆구리를 걷어찼다. 동수가 정신이 들 때까지 계속 걷어차며 욕을 해 댔다.

동준이는 잠시 멍하니 있다가 영호의 팔을 잡고 매달렸다.

"삼촌, 형이 속상한 일이 있었대요. 그래서 딱 한 번만 한 거래요."

"속상한 일? 그래 임마, 그게 뭐야? 니까짓 게 뭐가 그렇게 속상한 게 많아서 또 본드를 불었어, 엉?"

영호는 조금 전보다 더 화가 난 소리로 물었다. 동수는 천천히 일어나 앉더니 명환이를 건너다보며 말했다.

"누구는 뭐 들어오고 싶어 들어왔는 줄 알아? 난 저 새끼만 여기다 데려다 놓고 나갈 거였다구."

영호는 동수의 말에 명환이를 힐끗 돌아보고 다시 동수에게 다그쳤다.

"웃기는 놈이네, 정말. 너 누구 맘대로 쟬 데려오고 너는 나간다고 하는 거야?"

"씨발, 그럼 어떻게 해요. 난 돈도 없는데 쟤는 저렇게 되구."

"쟤가 어떻게 됐다구 그러는 거야?"

"가서 보라구요, 가서!"

동수의 말을 듣고 영호는 벽에 기대 앉은 명환이에게 갔다. 명환이는 아직도 정신이 안 드는지 눈을 감고 있었다. 영호는 명환이 뺨을 몇 번 때렸다. 명환이가 겨우 눈을 떴다.

"사암촌, 아, 안녕하세요?"

명환이는 동수보다 더 혀가 꼬여 있었다.

"어, 그런데 이게 뭐야?"

영호는 명환이를 깨우다 문득 명환이 이마와 눈썹 위에 묻은 하얀 가루를 보았다.

6 동수가 영호 삼촌네 집에 다시 들어온 이유를 써 봅시다.

"이게 뭐야!"

영호는 비명처럼 소리를 지르더니 아직도 정신이 들지 않은 명환이 뺨을 세게 쳤다.

"너 이게 뭐야, 엉?"

명환이의 짧은 머리 위에도 하얀 가루가 잔뜩 묻어 있었다. 영호는 허리를 숙여 명환이 머리를 내려다보았다. 정수리 바로 위가 찢어진 채 벌어져 있었다. 뼈까지 허옇게 드러나 보일 만큼 깊은 상처였다. 주위는 핏자국과 지혈제 가루가 엉겨 붙어 있었다. 영호는 순간 할 말을 찾지 못했다.

동수가 영호 뒤에서 말했다.

"쟤네 꼰대가 패 놓고는, 피가 나니까 지혈제 사다가 저렇게 뿌려 놨대잖아요."

"그래서, 이 멍청한 놈아. 명환이가 이 꼴이 됐는데 너는 얘를 데리고 본드 했다구? 니 놈이랑 얘네 아버지랑 뭐가 다르냐?"

동수는 대답이 없었다.

영호는 화를 주체할 수 없었다. 그러나 무엇보다 명환이를 병원에 데리고 가는 것이 급했다.

영호는 동준이의 도움을 받아 명환이를 업고 병원으로 뛰었다. 영호는 어머니가 돌아가시던 때보다 더 큰소리로 울고 싶었다.

'이 아이들을 어쩌지, 어떻게 해야 하지.'

명환이는 열세 바늘을 꿰매야 했다. 본드 때문에 마취도 미처 못한 채 꿰맸다.

병원에서 돌아온 뒤 영호는 잠시 동안만이라도 명환이를 돌보기로 했다. 명환이는 사람 눈을 잘 바라보지도 못하고 말도 몹시 더듬었다. 약삭빠르고 두뇌 회전이 빠른 동수와 달리, 하는 행동도 몹시 굼뜨고 빙충맞아 보였다. 어떻게 동수와 어울리게 됐는지 궁금할 지경이었다.

영호는 명환이네 집에 찾아가 보려 했지만 명환이는 절대 집에 안 들어가겠다고 고집을 피웠다. 겨우 전화 번호를 알아 집으로 전화를 했더니, 아버지란 사람은 그런 아이 모른다고 하며 전화를 끊어 버렸다. 며칠 뒤에야 명환이 어머니와 통화를 했는데, 어머니마저 명환이를 집에 보내지 않았으면 좋겠다고 했다. 명환이가 들어오면 아버지한테 맞아 죽을 거라면서 비굴할 정도로 애원하며 명환이를 돌봐 달라고 했다. 명환이는 집에 있는 것보다 아무 데나 밖에 나가 사는 게 낫다는 말도 했다.

그래서 영호네는 식구가 한 사람 더 늘었다.

영호는 날씨가 쌀쌀해지면서 점점 불안해졌다. 은행에 있는 돈만 야금야금 꺼내 쓸 수도 없었다. 영호는 시간급으로 일할 수 있는 일이 있는지 알아봐야겠다고 생각했다.

이런 말 이런 뜻

정수리: 머리 위의 숫구멍이 있는 자리.

빙충맞다: 똘똘하지 못하고 어리석으며 수줍음을 타는 데가 있다.

내용 파악하기

7 명환이가 머리를 다친 이유를 써 봅시다.

8 날씨가 쌀쌀해지면서 영호 삼촌이 점점 불안해진 이유를 써 봅시다.

생각 피우기

내용 정리하기

1 앞에서 읽은 『괭이부리말 아이들』에 나온 등장인물을 모두 써 봅시다.

등장인물 간의 관계를 파악하기 어려울 때는 형제, 자매, 친구 등의 관계를 파악한 후 전체적인 관계를 파악해 봅시다.

2 앞에서 읽은 『괭이부리말 아이들』에 나온 등장인물 간의 관계를 정리한 표입니다. 빈칸에 알맞은 인물을 써 봅시다.

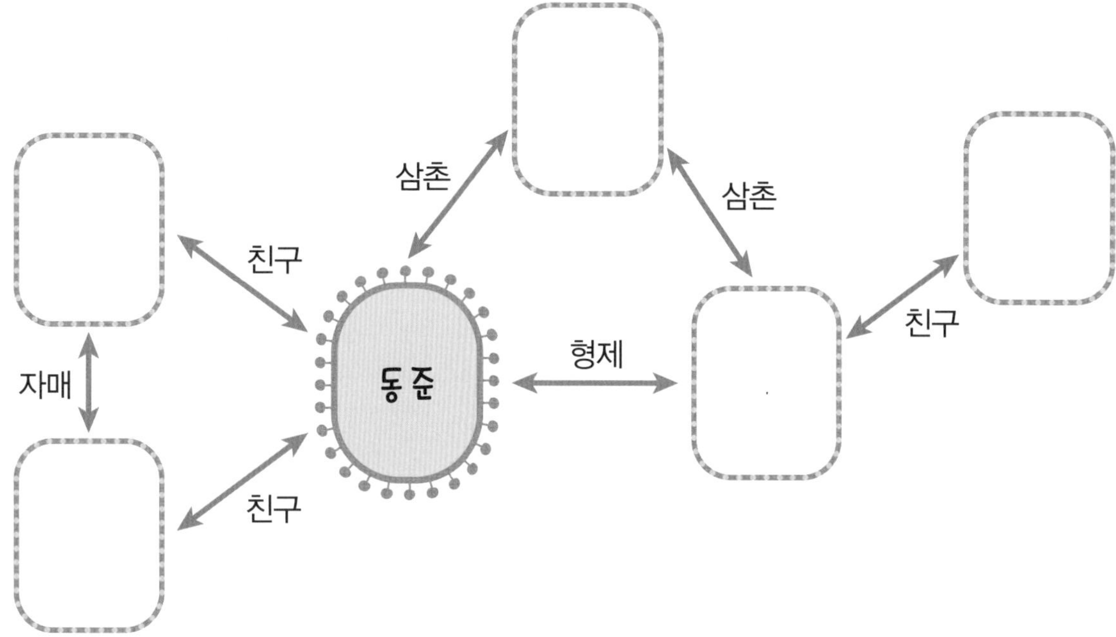

3 앞에서 읽은 『괭이부리말 아이들』의 내용으로 맞으면 ◯하고, 틀리면 ╳해 봅시다.

동수와 명환이는 본드를 하였다.	( )
동준이는 영호 삼촌을 좋아한다.	( )
동준이는 어머니가 계시지 않는다.	( )
영호 삼촌은 숙희, 숙자와 함께 살고 있다.	( )
동수가 영호 삼촌 집을 나간 이유는 명환이 때문이다.	( )

내용 정리하기

4 등장인물과 그 인물의 성격을 알맞게 선으로 이어 봅시다.

등장인물의 성격을 파악하기 위해서는 등장인물의 말과 행동을 잘 살펴 보아야 합니다.

영호 삼촌	● ●	책임감이 강하며 정이 많다.
동수	● ●	자신감이 없고 행동이 느리다.
동준	● ●	다혈질이고 성격이 급하나 친구를 많이 생각한다.
숙희	● ●	상대방을 배려할 줄 알며 동생이 생기는 것을 좋아한다.
숙자	● ●	웃음이 많고 자존심이 강하나 아버지를 많이 그리워한다.
명환	● ●	친구를 배려하지 않고 자신의 생각을 거침없이 이야기한다.

5 다음 대화 글을 바르고 고운 말로 고쳐 써 봅시다.

언어는 습관적으로 사용하기 때문에 일상생활에서 언어 예절을 지키며 사용해야 합니다.

- "너 삐쳤냐?"

→ ______________________________

- "쪽 팔린다구. 지가 먼저 내 기분 잡쳐 놓고, 쩨쩨하게 삐치고 있어."

→ ______________________________

- "난 저 새끼만 여기다 데려다 놓고 나갈 거였다구."

→ ______________________________

1 다음 상황을 떠올려 보고 자신의 생각과 느낌을 써 봅시다.

같은 상황이라도 사람에 따라 다르게 생각하고 느낄 수 있습니다.

1 내가 만약 동준이라면 다음 숙희의 말을 듣고 어떤 생각이나 느낌이 들었을지 써 봅시다.

> "그게 뭐 어때서? 너네 엄마, 아빠 없는 거 사실인데, 그게 뭐 어때서?"

2 내가 만약 영호 삼촌이라면 다음 동수의 말을 듣고 어떤 생각이나 느낌이 들었을지 써 봅시다.

> "에이 씨, 며칠 밥 먹여 주구 재워 줬다구 유세하는 거예요? 왜 간섭이에요?"

3 내가 만약 동수라면 다음 영호 삼촌의 말을 듣고 어떤 생각이나 느낌이 들었을지 써 봅시다.

> "명환이가 이 꼴이 됐는데 너는 얘를 데리고 본드 했다구? 니 놈이랑 얘네 아버지랑 뭐가 다르냐?

1 평소 이웃과 어떻게 지내고 있는지 생각해 보고, 이웃과 잘 지내기 위한 앞으로의 다짐을 써 봅시다.

■ 평소 이웃과 지내는 나의 모습

■ 앞으로의 다짐

'속담'이란 오랜 세월을 거쳐 삶에서 얻은 경험이나 교훈 그리고 어떠한 가치에 대한 견해를 간결한 언어 형식으로 표현한 말로, 우리에게 큰 가르침을 줄 수 있습니다.

2 다음 속담이 말하려고 하는 의미를 써 봅시다.

■ 팔백 금으로 집을 사고 천 금으로 이웃을 산다.

■ 이웃이 사촌보다 낫다.

3 평소 나의 언어 생활을 되돌아보고 앞으로의 다짐을 써 봅시다.

■ 평소 나의 언어 생활 모습

■ 앞으로의 다짐

1 다음 비어, 은어, 속어를 바르고 고운 말로 고쳐 써 봅시다.

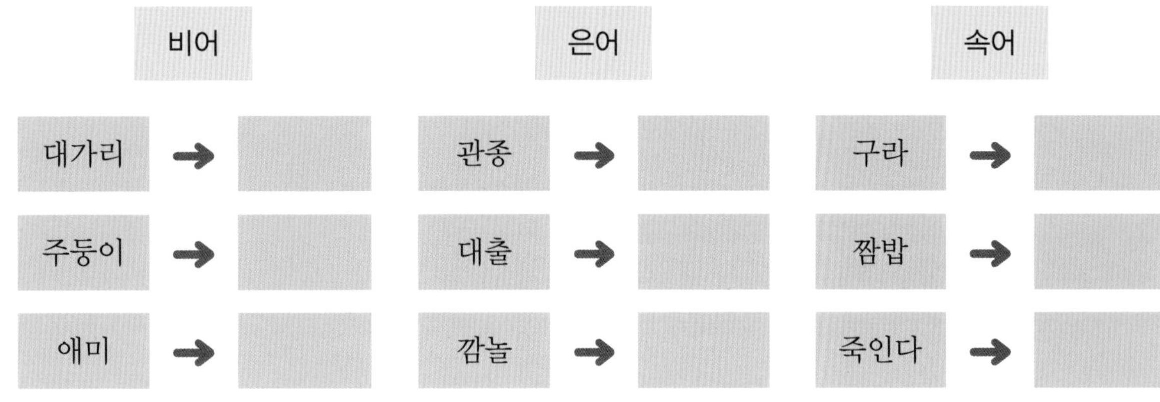

비어		은어		속어	
대가리 ➜		관종 ➜		구라 ➜	
주둥이 ➜		대출 ➜		짬밥 ➜	
애미 ➜		깜놀 ➜		죽인다 ➜	

이런 말 이런 뜻

비어: 점잖지 못하고 천한 말.

은어: 같은 직업이나 계급의 구성원들 사이에서만 통용되는 말.

속어: 통속적으로 쓰는 저속한 말.

공익 광고: 공공의 이익을 위한 광고.

2 다음 빈칸을 채워 바르고 고운 말을 사용하자는 공익 광고를 만들어 봅시다.

광고문을 만들 때 생각할 점
- 인상적인 표현을 사용합니다.
- 광고의 의도가 잘 드러나게 표현합니다.
- 광고의 문구, 내용, 그림이 어울리도록 표현합니다.
- 과장되지 않게 주의하며 표현합니다.

제목

그림

표어

C-2 고운 말을 사용합시다

공부한 날 ________년 ________월 ________일

공부할 문제 논설문의 특성을 알고 언어 예절에 대해 생각해 봅시다.

생각 틔우기

배경 지식

> 논설문의 특징
> - 주장에 대한 근거가 타당하고 합리적이어야 한다.
> - 참신하고 새로운 관점의 주장이어야 한다.
> - 순서에 맞게 짜임새 있는 주장을 펼쳐야 설득력이 있다.
> - 전달하려는 의미나 표현, 용어 등이 분명하고 정확해야 한다.
> - 생각이나 주장을 드러내는 방법이 분명하고 이치에 맞아야 한다.

1 다음은 논설문에 대한 설명입니다. 빈칸에 알맞은 낱말을 써 봅시다.

> 논설문은 어떤 문제에 대하여 다른 사람을 설득할 목적으로 자신의 (　　　　) 을/를 내세우고 그것을 뒷받침하는 (　　　　)을/를 드러내는 글이다.

2 논설문은 서론, 본론, 결론으로 구성되어 있습니다. 각 부분에 대한 알맞은 설명을 찾아 선으로 이어 봅시다.

서론 ●	● 문제 상황, 글을 쓰게 된 동기나 목적, 글쓴이의 주장
본론 ●	● 주장에 대한 근거와 근거를 뒷받침하는 내용
결론 ●	● 글의 내용 요약, 글쓴이의 주장 다시 한 번 강조

3 다음 광고를 보고, 물음에 답해 봅시다.

한국방송광고진흥공사 제공

> 이런 말 이런 뜻
>
> **설득:** 상대방의 주장에 따라 내 생각이나 행동이 변화되는 것.
>
> **주장:** 어떤 문제에 대하여 내세우는 생각.
>
> **근거:** 주장을 뒷받침하는 내용.

> 광고에서 주장과 근거는 보통 글씨 크기가 다르거나 색깔을 다르게 표현합니다.

1 이 광고에서 주장하는 내용은 무엇인지 써 봅시다.

____

____

____

2 이 광고에서 주장을 뒷받침하는 근거를 찾아 써 봅시다.

____

____

____

1 다음 낱말에 알맞은 뜻을 찾아 선으로 이어 봅시다.

낱말		뜻
은어 ●		● 통속적으로 쓰는 품위가 낮고 속된 말.
격언 ●		● 오랜 역사적 생활 체험을 통하여 이루어진 인생에 대한 교훈이나 경계 등을 간결하게 표현한 짧은 글.
비속어 ●		● 어떤 계층이나 부류의 사람들이 다른 사람들이 알아듣지 못하도록 자기네 구성원들끼리만 자주 사용하는 말.

1 '언어 예절'로 사행시를 지어 봅시다.

사행시를 지을 때에는 부정적인 말보다는 긍정적인 말을 사용하여 짓는 것이 좋습니다.

언 ______________________

어 ______________________

예 ______________________

절 ______________________

2 일상생활에서 고운 말을 사용해야 하는 이유를 생각하여 써 봅시다.

____

____

____

내용 파악하기

글을 읽을 때에는 주장과 근거에 밑줄을 긋고, 서론, 본론, 결론을 구분하며 읽습니다.

고운 말을 사용합시다

최종윤

요즈음 많은 어린이가 이야기를 할 때 은어나 비속어를 사용하고 있다. 2011년 국립국어원 조사에 따르면 조사 대상 초등학생의 97퍼센트가 비속어를 사용한 적이 있다고 한다. 나도 모르게 대화 중에 섞어 쓰게 되는 은어나 비속어는 서로의 기분을 상하게 한다. 다른 사람과 대화할 때에는 은어나 비속어 대신에 고운 말을 사용하여야 한다. 고운 말을 사용하여야 하는 까닭은 무엇일까?

첫째, 고운 말로 서로 존중하는 마음을 전할 수 있다. 흔히 말이 눈에 보이지 않는 마음임을 표현할 때에 "말은 마음의 거울."이라는 격언을 사용한다. 이 말처럼 대화 상대를 존중하는 마음은 자연스럽게 고운 말로 표현되기 마련이다. 존중하는 마음이 없다면 고운 말로 나오지 않는다.

둘째, 고운 말은 다른 사람과의 대화를 원활하게 한다. 은어나 비속어는 원활한 대화를 어렵게 하고 오해를 불러일으킨다. 단순히 재미를 위하여 은어나 비속어를 사용하였다가 친구들끼리 싸움으로 이어지는 경우도 있고, 어른과 어린이의 일상적인 대화가 어려워지는 경우도 종종 있다. 다른 사람과 원활한 대화를 하고 싶다면 고운 말을 사용하여야 한다.

문장은 중심 문장과 뒷받침 문장으로 구분되어 있으며 뒷받침 문장은 중심 문장을 자세히 설명해 줍니다.

셋째, 고운 말을 사용하는 것은 우리말을 지키는 것과 같다. 말은 우리 민족의 혼이 담긴 소중한 문화유산이다. 고운 말 대신에 은어나 비속어를 사용한다면 그것이 우리의 후손에게 그대로 전달될 것이다. 고운 말을 사용하여 아름다운 우리말을 지켜야 한다.

고운 말을 사용하는 것은 다른 사람을 존중하는 마음을 전할 수 있게 하며, 다른 사람과의 대화도 원활하게 한다. 또, 우리말을 아름답게 가꾸고 지켜 준다. 은어나 비속어 대신에 고운 말을 사용하는 바른 언어 습관을 기르기 위하여 노력하자.

초등학생의 비속어 사용 비율

국립국어원, 2011.

생각 피우기

논설문의 목적은 알맞은 근거를 바탕으로 하여 자신의 주장을 드러내어 다른 사람을 설득하는 데 있습니다.

1 글 「고운 말을 사용합시다」의 짜임을 생각하며 각 문단의 중심 문장을 써 봅시다.

서론	
본론	
결론	

평소 자신의 언어 습관을 생각하며 바르고 고운 말을 사용할 수 있도록 노력합시다.

1 다음 물음에 알맞은 답을 써 봅시다.

1 다음의 말이 무슨 의미인지 바르게 고쳐 써 봅시다.

> 헐, 레알 재미있는 프로그램이 시작돼요.

2 내가 자주 쓰는 은어나 비속어에는 어떤 말들이 있는지 써 봅시다.

3 은어나 비속어를 사용하면서 느낀 점을 써 봅시다.

이런 말 이런 뜻

은어: 같은 직업이나 계급의 구성원들 사이에서만 통용되는 말.
비속어: 비어와 속어를 합친 말로, 점잖지 못하고 격이 낮은 속된 말.

1 다음 대화 글을 읽고, 바르고 고운 말로 고쳐 써 봅시다.

'가는 말이 고와야 오는 말이 곱다.' 라는 속담은 말을 할 때 상대방을 배려하며 공손하게 해야 상대방도 나를 배려하며 공손하게 말한다는 의미를 지니고 있습니다.

거친 말이 오고 가는 상황

위층에서 쿵쾅거리는 소리가 나서 올라간다.

아래층 사람: (문을 쾅쾅 두드리며) 문 열어 봐요!
위층 사람: (깜짝 놀라며) 누구세요?
아래층 사람: (화난 목소리로) 왜 이렇게 쿵쾅거리는거야, 짜증나게. 이 아파트에 혼자 살아?
위층 사람: (화난 목소리로) 애들이 뛸 수도 있지. 넌 안 뛰냐?

고운 말로 바꾸기

위층에서 쿵쾅거리는 소리가 나서 올라간다.

아래층 사람: ______________________________

위층 사람: ______________________________

아래층 사람: ______________________________

____

위층 사람: ______________________________

1 언어 예절을 지키는 것에 대한 자신의 주장과 그것을 뒷받침하는 근거를 써 봅시다.

■ 주장

____

■ 근거

____

____

C-3 유행어를 사용해야 하는가

공부한 날 ______ 년 ______ 월 ______ 일

공부할 문제 '유행어를 사용해야 하는가'에 대해 주장하는 글을 써 봅시다.

생각 틔우기

배경 지식

언어를 사용하는 모습에 따라 언어를 사용하는 사람의 성격이 변화될 수 있습니다. 따라서 언어를 사용할 때는 부정적인 언어보다는 긍정적인 언어를 사용합시다.

1 유행어란 무엇인지 써 봅시다.

2 요즘 가장 인기 있는 유행어는 무엇인지 써 봅시다.

텔레비전 속 유행어	우리 반 유행어

3 유행어를 주로 언제 사용하는지 써 봅시다.

4 새로 생기거나 없어지면 좋을 유행어를 써 봅시다.

새로 생기면 좋을 유행어	
없어지면 좋을 유행어	

1 다음 만화를 보고 물음에 답해 봅시다.

서윤아, 텔레비전에서 ○○ 오빠 봤니?
보는 순간 완전 심쿵이야!
그 오빠 뇌섹남이야!
완전 멋져!
그 오빠, 방송 나오면 핵꿀잼이야!
근데 게임을 너무 못해! 볼 때마다 웃퍼!
너희들 어느 나라 말하고 있니?
한국말 인데요?
나는 하나도 알아듣지 못하겠다. 뇌섹남, 웃퍼, 핵꿀잼, 심쿵이 무슨 소리냐?
심쿵은 심장이 쿵 떨어질 만큼 좋다는 이야기이고요, 또 …….
너희들은 어른들이 하나도 못 알아듣는 유행어 쓰는 것이 좋니?
유행어를 쓰면 안 되나요? 쓰면 좋은데…….

1 할머니께서 어떤 말들을 이해하지 못하고 계시는지 써 봅시다.

2 서윤이의 고민은 무엇인지 써 봅시다.

생각 키우기

문제해결 방법알기

1 '유행어' 낱말을 보고 생각 그물을 만들어 봅시다.(주어진 칸 외에도 그림을 더 그려 가며 생각 그물을 완성해 봅시다.)

'생각 그물'이란 마음속에 지도를 그리듯이 생각을 정리하는 방법입니다.

생각 그물의 장점
- 내용을 쉽게 파악할 수 있습니다.
- 중요한 핵심을 오래 기억할 수 있습니다.
- 창의력이 향상됩니다.

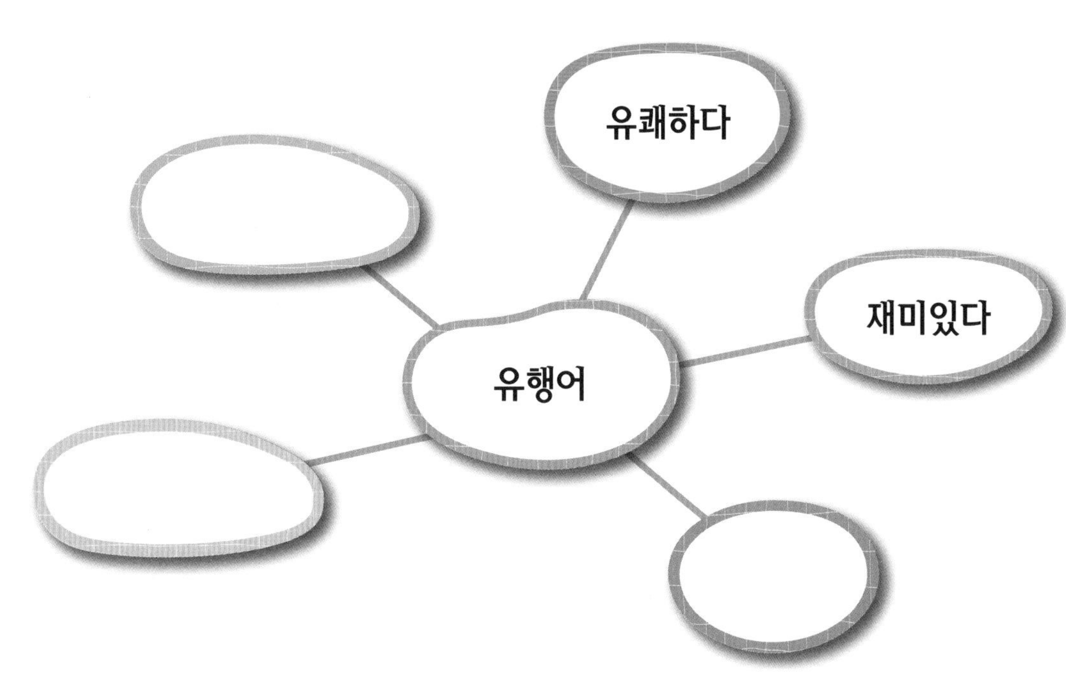

2 다음 중에서 유행어를 사용했을 때의 장점인 경우에는 '장'이라고 쓰고, 단점인 경우에는 '단'이라고 써 봅시다.

유쾌하고 재미있게 대화를 할 수 있다.	
바르고 고운 말을 적게 사용할 수 있다.	
그 사회의 가치관 및 문화를 알 수 있다.	
유행어를 모르는 사람과 의사소통하기 어렵다.	
지나치게 많이 사용하면 말의 신뢰도를 떨어뜨린다.	
유행어를 사용하는 사람들끼리 친밀감을 느낄 수 있다.	

이런 말 이런 뜻

가치관: 어떠한 것을 중요하게 생각하는 태도.

의사소통하다: 가지고 있는 생각이나 뜻을 서로 주고받다.

1 유행어 사용의 장점과 단점을 정리하여 봅시다.

장점	■ 유쾌하고 재미있게 대화를 할 수 있다. ■ ____________ ■ ____________
단점	■ 유행어를 모르는 사람과 의사소통하기 어렵다. ■ ____________ ■ ____________

2 서윤이와 할머니의 의견에 각각 반박하여 봅시다.

구분	의견	반박
서윤	■ 유쾌하고 재미있게 대화를 할 수 있다.	■ 수준이 낮은 대화를 할 수 있다.
	■ 유행어는 그 사회의 가치관 및 문화를 알 수 있게 한다.	■
	■ 유행어를 사용하는 사람들끼리 친밀감을 느낄 수 있다.	■
할머니	■ 유행어를 모르는 사람과 의사소통하기 어렵다.	■ 젊은 사람들과 의사소통하기 위해 열심히 유행어를 배울 것이다.
	■ 지나치게 많이 사용하면 신뢰도를 떨어뜨린다.	■
	■ 바르고 고운 말을 적게 사용할 수 있다.	■

이런 말 이런 뜻

반박: 다른 사람의 의견에 대해 반대하는 의견을 제시함.

3 유행어 사용에 대한 자신의 입장에 ○해 봅시다.

나는 유행어를 사용하는 것에 대해 (찬성 / 반대)한다.

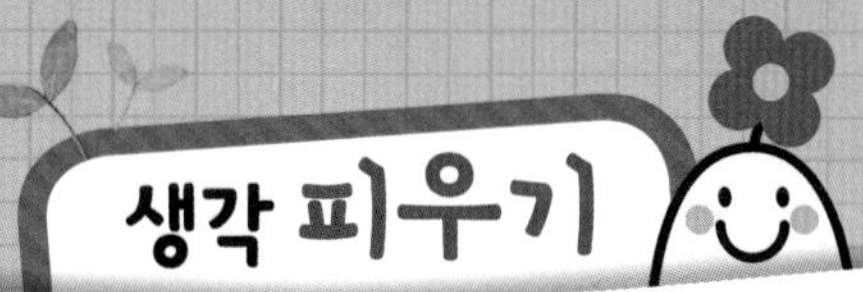

1 유행어 사용에 대한 찬성과 반대의 입장에 어울리는 제목의 기호를 아래에서 찾아 써 봅시다.

찬성 ______________________

반대 ______________________

㉠ 유행어는 이제 그만
㉡ 유쾌하고 재미있는 유행어
㉢ 유행어로 자신감을 길러요
㉣ 유행어는 우리를 가볍게 해
㉤ 유행어는 우리를 가깝게 해
㉥ 바르고 고운 말의 적 유행어
㉦ 개성 있는 언어 점점 사라져
㉧ 세대 차이만 가져오는 유행어
㉨ 유행어는 가치관 및 문화의 거울
㉩ 대화의 수준을 떨어뜨리는 유행어

제목을 정하는 방법
- 제목은 글의 내용을 포함할 수 있어야 합니다.
- 제목은 읽는 이의 관심을 이끌어야 합니다.
- 제목은 짧고 명료해야 합니다.
- 제목은 전체 내용을 요약할 수 있어야 합니다.

2 유행어 사용에 대한 자신의 입장을 드러낼 수 있는 있는 제목을 정하고, 그렇게 정한 이유를 써 봅시다.

■ 제목

____

■ 이유

____

____

____

1 유행어 사용에 대해 주장하는 글을 써 봅시다.

제목: ____________________

요즘 우리 반 친구들과 대화를 하다 보면 나도 모르게 유행어를 많이 사용한다. 언제부터 유행어를 사용했는지 몰라도 이제는 유행어를 사용하지 않으면 대화를 할 수 없다. 나는 유행어 사용에 대해 (찬성 / 반대)한다.

나와 반대되는 의견에는 ____________________

하지만 유행어를 사용하면 ____________________

이와 같이 유행어를 사용하면 ____________________

찬/반 논술은 매우 수준 높은 논술입니다. 따라서 찬/반 논술 쓰기가 어려운 친구는 자신의 의견만 써 봅시다.

1 98쪽에서 쓴 글을 원고지에 옮겨 써 봅시다.

원고지 사용법

- 제목은 두 번째 줄 중앙에 씁니다.
- 본문은 제목에서 한 줄 건너뛰고 씁니다.
- 문단이 새로 시작되는 경우 한 칸 띄고 씁니다.
- 온점(.)이나 반점(,)을 쓴 후 칸을 띄지 않고 바로 씁니다.
- 물음표(?)나 느낌표(!)를 쓴 후 한 칸 띄고 씁니다.

원고지에
옮겨 쓴 후 짝이나
모둠별로 돌려 가며
읽고 글을 고쳐
써 봅시다.

글쓰기

글쓰기

1 유행어를 사용할 때의 좋은 점을 떠올려 보고, 유행어 사용 설명서를 써 봅시다.

유행어 사용 설명서

1 최신의 유행어를 사용하세요.

2 ______________________________

3 ______________________________

4 ______________________________

※ 주의 사항

① 가벼운 느낌을 줄 수 있으니, 너무 많이 사용하지 마세요.

② ______________________________

③ ______________________________

④ ______________________________

2 유행어를 사용했던 경험을 떠올려 보고, 그중 하루를 골라 그날의 일기를 써 봅시다.

20　　년　　월　　일　　날씨

제목: ______________________________

____

____

____

____

____

____

____

D

하나 된 지구촌

평화는 다툼 없이 평온하게 사는 상태를 말합니다. 평화는 개인이나 집단 사이에 폭력이 존재하지 않는 것은 물론, 서로 협동하고 공동으로 노력하여 모든 종류의 폭력을 감소시켜 나가는 것입니다.

D-1. 여러 가지 신화

■ **생각틔우기**
신화와 관련된 내용 알기
■ **생각키우기**
이야기 순서를 예측하며 내용 파악하기
■ **생각피우기**
읽은 내용을 정리하며 느낌과 생각 나타내기
■ **생각퍼뜨리기**
건국 신화의 흐름을 알고 이야기 꾸며 쓰기

D-2. 난중일기

■ **생각틔우기**
기록문의 특성 알기
■ **생각키우기**
난중일기의 내용 파악하기
■ **생각피우기**
기록물을 보고 느낌과 생각 나타내기
■ **생각퍼뜨리기**
자신의 기록물 만들기

D-3. 우리나라는 징병제를 유지해야 하는가

■ **생각틔우기**
우리나라 병역 제도 알기
■ **생각키우기**
모병제와 징병제의 장 · 단점 알기
■ **생각피우기**
'우리나라는 징병제를 유지해야 하는가'에 대해 주장하는 글 쓰기
■ **생각퍼뜨리기**
세계 평화 기원 캐릭터 그리기

D-1 여러 가지 신화

공부한 날 ______년 ______월 ______일

공부할 문제 여러 가지 신화를 읽고 평화롭게 사는 모습에 대하여 생각해 봅시다.

생각 티우기

배경 지식

신화는 옛날 사람들의 생각이 들어간 신성한 이야기입니다. 우주의 기원, 신이나 영웅, 민족의 시작과 같은 역사나 설화 따위가 주된 내용입니다.

1 다음 만화를 보고, 빈칸에 이어질 내용을 상상하여 그려 봅시다.

2 문제 **1**의 만화 앞부분에서 일어났을 이야기를 상상하여 써 봅시다.

단군이 세운 고조선은 우리나라 최초의 나라이다. 그러나 그 당시에는 기록이 남아 있지 않고 설화로만 전해져 오다가 고려 때에 와서 기록으로 남길 수 있게 되었다. 모든 신화는 오랜 역사의 흐름 속에서 사람들의 생각과 문화를 바탕으로 생겨난 것이다. 지금까지 알려진 바에 의하면, 「단군 신화」의 가장 오래된 기록은 고려 때 승려인 일연이 쓴 『삼국유사』에서 찾을 수 있다.

이런 말 이런 뜻

설화: 있지 아니한 일에 대하여 사실처럼 재미있게 말함. 또는 그런 이야기.

배경 지식

3 자신이 알고 있는 신화 이야기를 써 봅시다.

- 제목: ______
- 이야기: ______

낱말 익히기

1 다음 낱말의 뜻을 찾아 선으로 이어 봅시다.

어귀	일관	풍습	여물	문설주	섬돌
●	●	●	●	●	●
●	●	●	●	●	●
드나드는 입구.	날씨를 담당하는 관리.	풍속과 습관을 아울러 이르는 말.	집채 앞뒤에 오르내릴 수 있게 놓은 돌층계.	문짝을 끼워 달기 위하여 문의 양쪽에 세운 기둥.	말과 소를 먹이기 위하여 말려서 썬 짚이나 마른풀.

이런 말 이런 뜻
집채: 집의 한 덩이.

예측 하기

1 다음 탈을 보고 어떤 성격을 가진 인물일지 생각하여 써 봅시다.

처용탈

예측하기

2 만약 여러분이 미로에 갇혀 있다면, 미로를 탈출하기 위해 어떤 물건이 필요할지 보기에서 두 가지를 골라 그 이유와 함께 써 봅시다.

보기
• 거울 • 물감 • 실 • 칼 • 나침반

■ 물건: ______

■ 이유: ______

이런 말 이런 뜻
미로: 어지럽게 갈래가 져서, 한번 들어가면 다시 빠져나오기 어려운 길.

이야기의 순서를 찾을 때에는 원인과 결과가 자연스럽게 이어져야 합니다.

3 다음 그림을 보고, 이야기의 순서에 알맞게 기호를 쓴 다음 내용을 예측하여 써 봅시다.

■ 이야기의 순서: ______

■ 내용: ______

용의 아들 처용

■ 출처
「삼국유사」
엮음 김진섭
/아이즐북스

신라 제49대 헌강왕 때에는 신라의 서울인 서라벌에서 동해 어귀까지 집들이 빽빽이 들어서 있었다. 담장과 담장이 서로 붙어 있었고, 초가집은 단 한 채도 없었다. 어찌나 평화로운지 길에는 음악 소리가 끊임없이 흘러나왔고, 사계절 내내 큰 비나 세찬 바람 한 번 없었다.

그러던 어느 날, 헌강왕이 바닷가에서 놀다가 돌아오는 길이었다. 갑자기 구름과 안개가 몰려와 주변이 캄캄해져서 길을 잃게 되었다. 왕은 일관을 불러 까닭을 물었다.

"동해 용이 꾸민 일이니, 용에게 좋은 일을 하여 마음을 풀어 주어야 합니다."

헌강왕은 용을 위해 근처에 절을 짓도록 명했다. 그러자 순식간에 구름이 걷히고 안개가 사라졌다. 사람들은 그때부터 그곳을 구름이 걷힌 곳이라는 뜻으로 '개운포'라고 불렀다.

동해의 용은 기뻐하며 일곱 아들을 데리고 나와 왕의 수레 앞에서 음악을 연주하고 춤을 추었다. 그중 한 아들이 왕을 따라 서라벌로 들어와 왕의 일을 도왔는데, 그 이름을 '처용'이라 불렀다. 헌강왕은 아름다운 처녀를 처용의 아내로 삼게 해 주고, 벼슬도 주었다.

그런데 처용의 아내가 어찌나 아름다웠던지 병을 옮기는 귀신인 역신이 사람으로 변해 처용의 집에 몰래 드나들곤 했다. 그러던 어느 날이었다. 처용이 밖에서 밤늦도록 놀다가 집에 돌아왔더니, 곤히 잠든 아내 옆에 웬 낯선 사람이 누워 있는 게 아니겠는가?

처용은 화를 내기는커녕 노래를 부르고 춤을 추며 물러 나왔다. 그러자 역신이 본모습을 드러내고 처용 앞에 무릎을 꿇었다.

"제가 공의 아내를 좋아하여 큰 실수를 저질렀는데도 화를 내지 않으시니, 맹세코 앞으로는 공을 그린 그림만 보아도 절대 그 집에는 들어가지 않겠습니다."

이 사건이 알려지자, 신라에서는 처용의 얼굴을 그려 문에 붙이는 풍습이 생겼다고 한다. 처용의 그림으로 병을 옮기는 귀신을 쫓아내려는 뜻이다.

이런 말 이런 뜻

담장: 담.
맹세코: 다짐한 대로 꼭.

1 **헌강왕은 동해 용의 마음을 풀어 주기 위하여 어떻게 하였는지 써 봅시다.**

2 **'개운포'는 어떤 뜻을 가진 이름인지 써 봅시다.**

3 **역신이 처용 앞에 무릎을 꿇은 이유는 무엇인지 써 봅시다.**

내용 정리하기

1 다음 처용이 쓴 일기를 읽고, 바르지 않은 내용에 밑줄을 그은 다음 바르게 고쳐 봅시다.

○월 ○일 날씨 맑음

귀신을 내쫓다

나는 바다의 신이며 형제는 모두 열 명이다. 나는 신라 헌강왕을 따라 서라벌로 들어왔다. 헌강왕의 일을 도와주었고, 헌강왕은 나에게 예쁜 처녀를 소개시켜 주고 아내로 삼게 해 주었다.

그러데 어젯밤, 밖에서 늦도록 놀다가 집에 돌아와 보니, 곤히 잠든 아내 옆에 낯선 사람이 누워 있었다. 나는 화가 나서 큰 소리를 지르며 소란을 피웠다. 옆에 있던 사람은 귀신으로 변하더니 앞으로는 나타나지 않겠다고 하였다. 그때부터 귀신의 얼굴 그림을 문에 붙여 귀신을 내쫓는 풍습이 생겼다.

① 나는 바다의 신이며 형제는 모두 열 명이다. → 나는 동해 용의 아들이며 형제는 모두 일곱 명이다.

②

③

『삼국사기』: 고려 인종 23년(1145)에 김부식이 왕명에 따라 펴낸 역사책으로 신라, 고구려, 백제 세 나라의 역사를 적었다. 본기(本紀) · 연표(年表) · 지류(志類) 및 열전(列傳)으로 되어 있으며, 『삼국유사』와 더불어 우리나라에서 현존하는 가장 오래된 역사책이다.

『삼국유사』: 고려 충렬왕 7년(1281)에 승려 일연이 쓴 역사책이다. 단군 · 기자 · 대방 · 부여의 사적(史跡)과 신라 · 고구려 · 백제의 역사를 기록하고, 불교에 관한 기사 · 신화 · 전설 · 시가 따위를 수록하였다. 『삼국사기』와 더불어 우리나라에서 현존하는 가장 오래된 역사책이나, 오늘날 원판(原版)은 전하지 않고 조선 중종 7년(1512)에 재간(再刊)된 것이 전한다.

이런 말 이런 뜻

왕명: 임금의 명령.

아리아드네의 실타래

■ 출처
『이윤기의 그리스 로마 신화』
글 이윤기
/웅진지식하우스

그리스 남쪽에 있던 섬나라 크레타에 다이달로스라는 사람이 살고 있었다. 원래 아테나이에서 태어난 이 사람은 손재주도 좋았거니와 뭘 만들기도 퍽 좋아했다. 크레타 왕 미노스는 이 사람에게 미궁을 하나 만들 것을 명했다. '미궁'은 사람이 들어갈 수는 있으되 그 안의 길이 하도 꼬불꼬불하고 또 고약해서 나올 수는 없는 감옥이다. 어떤 사건이 잘 해결되지 않을 때 우리는 "사건이 미궁에 빠졌다."고 한다. 미궁에 빠진 사건은 해결되지 못한다. 미궁 속의 꼬불꼬불한 길을 우리는 '미로'라고 부른다. 다이달로스는 왕의 명을 받고, 들어갈 수는 있어도 도저히 빠져나올 수는 없는 미궁을 만들었다. 미궁 또는 미로를 뜻하는 영어 단어 '래버린스(labyrinth)'가 탄생하는 순간이다.

미노스 왕이 미궁을 만들라고 명령한 것은 미노타우로스를 가두기 위해서였다. 미노타우로스는 '미노스의 황소'라는 뜻이다. 이 소는 여느 소가 아니다. 대가리만 소 대가리일 뿐, 목 아래로는 사람과 조금도 다름이 없는 괴물이다. 말하자면 우인이다. 미노타우로스는 여물을 먹는 대신 사람의 고기를 먹어야 살 수 있는 골칫거리 괴물이다. 하지만 왕이 이 괴물을 죽일 수는 없다. 어엿하게 왕비의 몸에서 태어난, 따라서 아들과 다름이 없는 존재였기 때문이다.

다이달로스가 미궁을 만들자 왕은 이 괴물을 미궁에 가두어 버렸다. 미노스 왕은 당시의 약소국 아테나이 왕을 협박해서 해마다 12명의 선남선녀를 바치게 했다. 미궁에 갇혀 있는 미노타우로스의 먹이로 던져 주기 위해서였다.

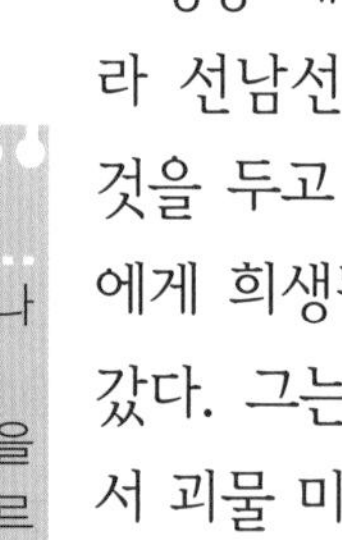

영웅 테세우스는 아테나이의 왕자였다. 그는 자기 나라 선남선녀들이 미노타우로스의 먹이로 희생되는 것을 두고 볼 수는 없었다. 그래서 미노타우로스에게 희생될 12명의 제물에 끼어들어 크레타로 갔다. 그는 다른 제물과 함께 미궁으로 들어가서 괴물 미노타우로스를 죽여 버릴 생각이었다.

이런 말 이런 뜻
약소국: 약한 작은 나라.
선남선녀: 곱게 단장을 한 남자와 여자를 이르는 말.

1 크레타의 왕 미노스가 미궁을 만든 이유를 써 봅시다.

2 테세우스는 어떤 방법으로 미노타우로스를 죽일 생각이었는지 써 봅시다.

그런데 크레타의 공주인 아리아드네가 이 영웅 테세우스에게 첫눈에 반하게 된다. 아리아드네는 테세우스같이 용기 있고 잘생긴 청년이 미궁에 던져지는 것을 두고 볼 수 없었다. 인간에게 미궁은 곧 죽음이었다.

미궁에 들어갔다가 미노타우로스의 먹이가 되지 않은 인간은 없었다. 설사 미노타우로스를 죽인다고 하더라도, 다이달로스가 지은 그 미궁에서 무사히 빠져나오는 것은 거의 불가능했다.

아리아드네는 가만히 테세우스를 찾아가, 실이 잔뜩 감겨 있는 아마 실타래를 하나 건네주었다.

드디어 테세우스가 열두 선남선녀에 섞여서 미궁으로 들어가야 하는 날이 왔다. 테세우스가 어떻게 했겠는가? 테세우스는 살며시 품 안에서 그 실타래를 꺼내고, 실 끝을 풀어 미궁의 문설주에 묶은 뒤 미궁 안으로 들어가면서 솔솔솔 실을 풀기 시작했다. 이렇게 실을 풀면서 근 한나절을 들어갔다.

테세우스는 열여섯 살 때 이미 방 앞의 섬돌을 번쩍 들어 올린 천하장사다. 아버지를 찾아 아테나이로 올라가면서, 내로라하는 도적을 무수히 쳐 죽인 젊은 영웅이기도 하다. 테세우스는 미궁 속에서도 미노타우로스를 때려 죽였다. 남은 일은 아테나이 젊은이들을 이끌고 무사히 미궁을 빠져나오는 일이었다.

자, 테세우스가 어떻게 했겠는가? 테세우스에게는 아리아드네의 실타래가 있다. 미궁의 입구에서부터 실을 솔솔 풀던 실타래가 있다. 이제 그 실타래에서 풀려나온 실을 잡고 살살 당기면서 나오면 된다. 바닥에 실이 깔려 있는 길은 바로 그가 미궁으로 들어오면서 걸은 길이다. 그 길을 되짚어 나오기만 하면 된다. 결국 테세우스는 11명의 선남선녀와 함께 실을 따라 미궁에서 탈출할 수 있었다.

이런 말 이런 뜻

실타래: 실을 쉽게 풀어 쓸 수 있도록 한데 뭉치거나 감아 놓은 것.

한나절: 하룻낮의 반.

내용 파악하기

3 아리아드네는 테세우스를 찾아가 무엇을 건네주었는지 써 봅시다.

4 미궁 속으로 들어간 테세우스는 어떻게 하였는지 써 봅시다.

5 테세우스가 어떻게 미궁에서 탈출할 수 있었는지 써 봅시다.

1 다음 테세우스가 쓴 일기를 읽고, 바르지 않은 내용에 밑줄을 그은 다음 바르게 고쳐 봅시다.

○월 ○일 날씨 맑음

생명의 끈 실타래

나는 아테나이의 왕자이다. 해마다 우리나라 선남선녀 20명이 크레타로 끌려가 우인인 미노타우로스에게 잡혀 먹는다고 한다. 그래서 나는 미노타우로스를 죽이려고 선남선녀와 함께 동행하였다.

미노타우로스는 내가 싸워서 죽이면 되지만 미궁을 빠져나올 방법이 없었다. 그때 마침 크레타의 공주인 아리아드네가 나에게 비둘기를 주었다. 비둘기를 따라 빠져나오라고 한 것이다.

미궁에 들어간 나는 미노타우로스를 찾아 때려 죽일 수 있었다. 그리고 다행히 선남선녀와 함께 미궁에서 빠져나올 수 있었다.

이런 말 이런 뜻
동행: 같이 길을 감.

2 다음 문제를 읽고, 알맞은 답을 써 봅시다.

1 만약 테세우스가 없었다면 아테나이의 선남선녀들은 어떻게 되었을지 써 봅시다.

2 미노타우로스를 죽이지 않고 평화롭게 해결할 수 있는 방법을 생각하여 써 봅시다.

3 「용의 아들 처용」과 「아리아드네의 실타래」에서 현실적이지 않은 내용을 찾아 써 봅시다.

구분	현실적이지 않은 내용
용의 아들 처용	• 동해에 용이 있다. • ______ • ______
아리아드네의 실타래	• 우인이 있다. • ______ • ______

4 「용의 아들 처용」과 「아리아드네의 실타래」에서 현실적이지 않은 내용이 어떤 의미를 지니고 있을지 생각하여 써 봅시다.

구분	현실적이지 않은 내용	숨겨진 의미
용의 아들 처용	• 동해 용의 아들 • ______ • ______	• 동쪽 나라에서 온 손님 • ______ • ______
아리아드네의 실타래	• 우인 • ______ • ______	• 욕심 많은 사람 • ______ • ______

5 다음은 신화의 기능을 설명한 내용입니다. 관계있는 것끼리 선으로 이어 봅시다.

기능			내용
사회를 통제함.	●	●	훌륭한 조상을 자랑스러워함.
바른 인재를 알려 줌.	●	●	나쁜 일을 하면 벌을 받게 함.
긍지와 자부심을 가짐.	●	●	올바른 사람이 누구인지 알게 됨.

이런 말 이런 뜻

통제: 일정한 방침이나 목적에 따라 행위를 제한하거나 제약함.

인재: 재주가 아주 뛰어난 사람.

긍지: 자기 자신 또는 자기와 관련되어 있는 것에 대하여 스스로 그 가치나 능력을 믿고 당당히 여기는 마음.

고구려를 세운 주몽

■ 출처
『삼국유사』
엮음 김진섭
/ 아이즐북스

어느 날, 동부여 금와 왕이 태백산 남쪽에 있는 우발수 강을 지나다가 울고 있는 한 여자를 보았어요. 금와 왕이 왜 울고 있는지 묻자, 여자는 공손하게 대답했어요.

"저는 본래 물의 신인 하백의 딸로 이름은 유화라고 하옵니다. 어느 날, 여러 아우들과 물가에 나와 놀고 있는데 하느님의 아들이라는 해모수가 나타나 저를 웅신산 밑 압록강 가에 있는 어느 집으로 데려갔습니다. 그 집에서 해모수는 저와 혼인을 하고 하룻밤을 지내더니 어디론가 떠나 버렸습니다. 저는 부모 허락 없이 마음대로 혼인을 했다 하여 이리로 쫓겨났습니다."

금와 왕은 유화 부인을 대궐로 데려왔어요. 그런데 이상한 일이 일어났어요. 유화 부인의 방 안에 한줄기 햇빛이 들어와 부인의 몸을 비추기 시작한 거예요. 부인이 햇빛을 피해 자리를 옮겨도 소용이 없었어요. 햇빛은 계속 유화 부인을 따라다녔으니까요. 그런 일이 있고 나서 유화 부인의 배가 점점 불러오더니, 커다란 알을 낳았어요. 금와 왕은 깜짝 놀라 명령했어요.

"당장 그 알을 개와 돼지에게 내주어라!"

그러나 개와 돼지는 알을 먹기는커녕 피하는 게 아니겠어요? 그래서 알을 길에 버렸는데 소와 말도 모두 피해 다녔어요.

"그렇다면 들판에 버려라!"

그러자 새들이 날아와 깃털로 알을 감싸 주었어요.

"그것 참 이상하구나! 당장 알을 깨뜨려라!"

신하들이 망치로 두드리고 돌로 내리쳐도 알은 끄덕도 하지 않았어요. 금와 왕은 알을 다시 유화 부인에게 돌려주었어요. 얼마 지나지 않아 알의 껍질이 쩍쩍 갈라지더니 우렁찬 아기 울음소리가 들려왔어요. 알에서 태어난 아이는 눈이 부리부리, 코가 오똑하니 잘생긴 데가 똑똑하기까지 했어요. 일곱 살이 되자, 스스로 활과 화살을 만들어 쏘는데 백 번 쏘면 백 번 다 맞추었어요. 동부여에서는 활을 잘 쏘는 사람을 '주몽'이라 불렀는데, 그 때문에 아이의 이름도 주몽이 되었지요.

이런 말 이런 뜻
대궐: 궁궐.

1 유화가 길에서 울고 있었던 이유는 무엇인지 써 봅시다.

2 금와 왕은 유화 부인이 낳은 알을 어떻게 하였는지 써 봅시다.

3 알에서 태어난 아이의 이름이 '주몽'이 된 이유를 써 봅시다.

금와 왕에게는 아들이 일곱 있었는데, 주몽의 재주가 뛰어난 것을 보고 다들 미워했어요. 어느 날, 큰아들 대소가 금와 왕에게 말했어요.

"주몽은 사람의 자식이 아니라서 나라에 해가 될 겁니다. 그러니 일찍 없애는 것이 좋겠습니다."

하지만 금와 왕은 대소의 말에는 아랑곳하지 않고 주몽에게 말을 기르는 일을 맡겼어요. 마구간을 둘러본 주몽은 한눈에 어떤 말이 좋은 말이고 어떤 말이 나쁜 말인지 알아냈어요. 주몽은 좋은 말은 잘 먹이지 않아 비쩍 여위게 하고, 나쁜 말은 잘 먹여서 토실토실 살찌게 만들었어요. 금와 왕은 그런 줄도 모르고 살찐 말은 자기가 타고 비쩍 여윈 말은 주몽에게 주었지요.

그러던 어느 날, 유화 부인이 주몽을 불렀어요.

"얘야! 지금 여러 왕자들이 너를 죽이려고 벼르고 있다. 이 어미는 걱정 말고 어서 떠나도록 해라!"

주몽은 서둘러 친구들과 함께 길을 떠났어요. 어느 틈에 주몽이 도망간 것을 눈치챈 대소는 군사를 이끌고 주몽의 뒤를 쫓기 시작했어요. 다급해진 주몽 일행이 길을 재촉하는데, 갑자기 넓은 강이 나타나 앞을 가로막았어요. 눈앞이 캄캄해진 주몽은 길게 한숨을 내쉬었어요.

"나는 하느님의 아들이요, 하백의 외손자다. 지금 뒤쫓는 자들이 다가오고 있으니 어찌한단 말이냐?"

그러나 갑자기 강물이 부글부글 끓어오르더니, 강물 속에 있는 물고기와 자라들이 모여들어 순식간에 다리를 놓았어요. 주몽 일행이 무사히 강을 건너자, 다리는 금세 사라졌지요. 뒤쫓던 대소의 군사들은 강에 막혀 더 이상 쫓아갈 수 없게 되었어요. 주몽은 졸본에 이르러 도읍을 정하고 나라를 세웠어요. 나라 이름은 고구려, 자신의 성은 고 씨로 정했지요. 바로 이 고주몽이 고구려의 시조랍니다.

이런 말 이런 뜻

아랑곳하다: 일에 나서서 참견하거나 관심을 두다.

금세: 지금 바로.

내용 정리하기

4 이 이야기의 순서에 알맞게 번호를 써 봅시다.

주몽이 알에서 태어났다.	( )
주몽이 졸본에 고구려를 세웠다.	( )
주몽은 어렸을 때부터 활을 잘 쏘았다.	( )
금와 왕의 아들들이 주몽을 미워하였다.	( )
주몽은 물고기와 자라의 도움으로 죽을 고비를 넘겼다.	( )
물의 신 하백의 딸과 하느님의 아들 해모수가 혼인을 하였다.	( )

1 「고구려를 세운 주몽」의 내용을 바탕으로 하여, '주몽'이 되어 일기를 써 봅시다.

기원전 37년 ○월 ○일 날씨 맑음

고구려를 세운 날

이런 말 이런 뜻

기원전: 예수가 태어난 해 이전.

2 여러 가지 신화를 읽고 난 후의 생각과 느낌을 써 봅시다.

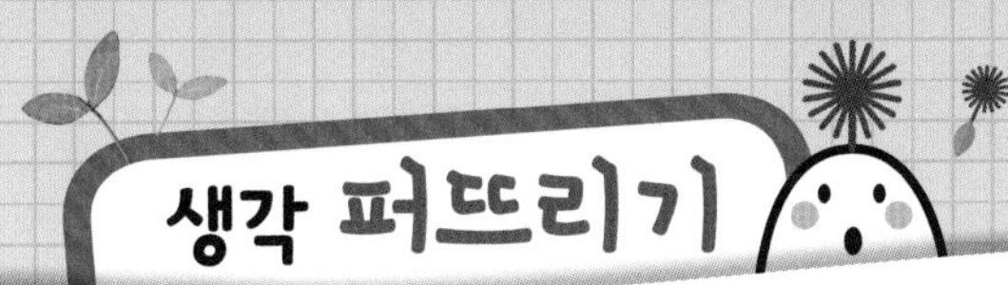

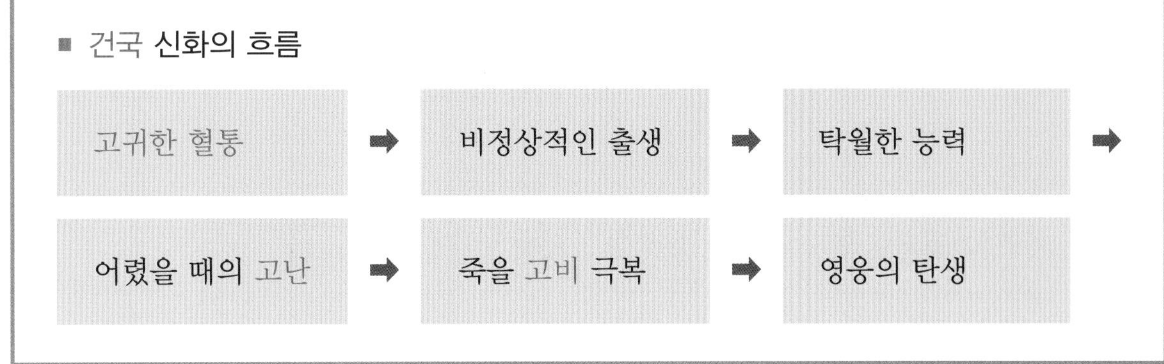

1 자신이 건국 신화의 주인공이라고 생각하고 이야기를 꾸며 써 봅시다.

흐름	내용
고귀한 혈통	
비정상적인 출생	
탁월한 능력	
어렸을 때의 고난	
죽을 고비 극복	
영웅의 탄생	

이런 말 이런 뜻

건국: 나라를 세움.
고귀하다: 훌륭하고 귀중하다.
혈통: 같은 핏줄의 계통.
고난: 괴로움과 어려움을 아울러 이르는 말.
고비: 일이 되어 가는 과정에서 가장 중요한 단계나 대목. 또는 막다른 절정.

D-2 난중일기

공부한 날 ________년 ________월 ________일

공부할 문제 기록문의 특성을 알고 자신의 기록물을 만들어 봅시다.

생각 티우기

배경 지식

기록문은 어떤 사실을 기록한 글입니다.

■ 역사 기록 방법

기전체	편년체
역사적 사건이나 인물의 전기를 중심으로 기록하는 기술 방법.(사마천의 『사기』, 김부식의 『삼국사기』 등)	역사적 사실을 연대순으로 기록하는 기술 방법.(『승정원일기』, 『일성록』 등)

1 다음 『조선왕조실록』의 일부분을 읽고, 물음에 답해 봅시다.

■ 출처
『조선왕조실록』 / 한국고전번역원

『조선왕조실록』은 한국어로 번역하는 작업과 디지털 형식으로 기록하는 작업을 완료하였습니다. 자세한 내용은 국사편찬위원회의 '조선왕조실록' 사이트를 찾아보면 참고할 수 있습니다.

세종실록 102권, 세종 25년 12월 30일

훈민정음을 창제하다

이달에 임금이 친히 언문(諺文) 28자(字)를 지었는데, 그 글자가 옛 전자(篆字)를 모방하고, 초성(初聲) · 중성(中聲) · 종성(終聲)으로 나누어 합한 연후에야 글자를 이루었다. 무릇 문자(文字)에 관한 것과 이어(俚語)에 관한 것을 모두 쓸 수 있고, 글자는 비록 간단하고 요약하지마는 전환(轉換)하는 것이 무궁하니, 이것을 훈민정음(訓民正音)이라고 일렀다.

조선왕조실록
(규장각한국학연구원 제공)

1 『조선왕조실록』의 역사 기록 방법은 기전체와 편년체 중에서 어떤 방법인지 써 봅시다.

이런 말 이런 뜻

언문: 말과 글을 아울러 이르는 말.
전자: 한자 서체의 하나.
모방: 다른 것을 본뜨거나 본받음.
초성: 첫소리.
중성: 가운뎃소리.
종성: 끝소리
연후: 그런 뒤.
이어: 일반사람들이 쓰는 속된 말.
전환: 다른 방향이나 상태로 바뀌거나 바꿈.

2 빈칸에 알맞은 말을 글에서 찾아 써 봅시다.

- 세종대왕이 훈민정음 (   )자를 만들었다.
- 글자는 전자를 (   )하였다.
- (   ), (   ), (   )을 합해야 글자가 만들어진다.
- (   )와 (   )에 관한 것을 모두 쓸 수 있다.
- 글자는 비록 간단하고 요약하지만 (   )하는 것이 무궁하다.

2 다음 일기를 읽고, 표에 내용을 정리해 봅시다.

20○○년 5월 5일 날씨 맑음

배꼽이 간질간질한 날

오늘은 어린이날이다. 그래서 가족들과 함께 놀이동산에 놀러갔다. 날씨도 좋았고 바람도 시원했다. 우리 가족이 놀이동산에 늦게 도착하지는 않았지만 놀이동산에는 벌써 많은 사람들로 가득하였다. 적당한 나무 그늘 밑에 돗자리를 펴고 엄마가 만들어 오신 간식을 먹었다. 그리고 동생과 함께 놀이 기구를 타러 갔다. 줄이 길어 힘들었지만 놀이 기구를 탈 때는 정말 재미있었다. 놀이 기구가 갑자기 아래로 내려갈 때는 배꼽이 간질간질한 느낌까지 들었다. 다음에 또 가족들과 놀이동산에 놀러 가고 싶다.

일기는 개인의 인생을 기록한 기록문입니다.

때	20○○년 5월 5일 어린이날
장소	
등장인물	
한 일	
힘든 일	
생각과 느낌	

■ 세계 기록 유산과 한국의 세계 기록 유산

- 유네스코는 1992년부터 '세계의 기억(Memory of the World)'이라는 사업을 시작하였다. 이 사업은 기록 유산이 인류 모두의 것이고 미래에 이어져야 함은 물론 기록 유산을 보존하고 보호하는 데 그 목적이 있다.
- 한국의 세계 기록 유산(13건)
  – 『훈민정음』(해례본), 『조선왕조실록』, 『불조직지심체요절』(하권), 『승정원 일기』, 고려대장경판 및 제경판, 조선왕조 『의궤』, 『동의보감』, 『일성록』, 1980년 인권기록유산 5 · 18 광주 민주화운동 기록물, 『난중일기』(이순신 장군의 진중일기), 새마을운동 기록물, KBS특별생방송 '이산가족을 찾습니다' 기록물, 한국의 유교책판

자세한 내용은 '유네스코 세계 유산' 사이트에서 찾아볼 수 있습니다.

이런 말 이런 뜻

유산: 앞 세대가 물려 준 사물 또는 문화.

생각 키우기

예측하기

1 임진왜란 중 '명량해전'에 대해 아는 것을 써 봅시다.

영화 '명량'포스터
(CJ E&M 제공)

내용 파악하기

1 다음 이순신 장군의 『난중일기』를 읽고 물음에 답해 봅시다.

■ 출처
『쉽게 보는 난중일기』
옮김 노승석
/ 도서출판 여해

이순신 장군의 난중일기는 개인이 썼지만 국가의 중요한 사건을 구체적으로 기록하였기 때문에 큰 의미가 있습니다.

1597년 음력 9월 16일 맑음

이른 아침에 별망군이 와서 보고하기를 "적들이 헤아릴 수 없을 정도로 많이 명량을 거쳐 곧장 진지를 향해 온다."고 했다. 곧바로 여러 배에 명령하여 닻을 올리고 바다로 나가니, 적선 백삼십여 척이 우리 배들을 에워쌌다. 장수들은 스스로 적은 군사로 많은 적과 싸우는 형세임을 알고 회피할 꾀만 내고 있다.

〈중략〉

나는 노를 급히 저어 앞으로 돌진하며 지자, 현자 등의 각종 총통을 마구 쏘아 대니, 탄환이 나가는 것이 바람과 우레처럼 맹렬하였다. 군관들은 배 위에 빽빽이 들어서서 화살을 빗발치듯 어지러이 쏘아 대니, 적의 무리가 저항하지 못하고 나왔다 물러갔다 했다.

〈중략〉

항복한 왜인 준사는 안골에 있는 적진에서 투항해 온 자인데 내 배 위에 있다가 바다를 굽어보며 말하기를 "무늬 놓은 붉은 비단옷 입은 자가 바로 안골지에 있던 적장 마다시입니다."라고 말했다. 내가 김돌손을 시켜 갈고리로 낚아 뱃머리에 올리게 하니, 준사가 날뛰면서 "이 자가 마다시입니다."라고 말하였다. 그래서 바로 시체를 토막 내라고 명령하니, 적의 기세가 크게 꺾였다.

우리의 여러 배들은 적이 침범하지 못할 것을 알고 일시에 북을 울리고 함성을 지르며 일제히 나아가 각기 지자, 현자 총통을 쏘니 소리가 산천을 뒤흔들었고, 화살을 빗발처럼 쏘아대며 서른한 척을 쳐 부수자 적선들은 후퇴하여서 다시는 가까이 오지 못했다.

이런 말 이런 뜻

별망군: 적의 움직임을 살피는 군.
진지: 언제든지 적과 싸울 수 있도록 설비 또는 장비를 갖추고 부대를 배치하여 둔 곳.
총통: 대포.
탄환: 탄알(총알).
왜인: 일본 사람.
적진: 적이 모여 있는 진영.
투항: 적에게 항복함.
적장: 적의 장수.

1 이순신 장군은 장수들이 불리한 상황이라며 회피할 때 어떻게 하였는지 써 봅시다.

2 적의 기세가 크게 꺾인 이유는 무엇인지 써 봅시다.

1 **KBS 특별 생방송 '이산가족을 찾습니다' 프로그램과 관련된 사진을 보고, 생각과 느낌을 써 봅시다.**

대한민국의 이산가족은 일제 강점기와 6·25 전쟁으로 인해 약 1천만 명이 있습니다.

KBS 이산가족찾기 기록물(KBS 한국방송 제공)

---

2 **『난중일기』나 KBS 특별생방송 '이산가족을 찾습니다'처럼 가슴 아픈 내용의 기록물이 아닌 행복한 기록물을 남기기 위해 평화롭게 살겠다는 평화 선서문을 작성해 봅시다.**

KBS 특별생방송 '이산가족을 찾습니다' 기록물은 KBS가 1983년 6월 30일부터 11월 14일까지 방송 기간 138일, 453시간 45분 동안 생방송한 기록물입니다.

평화 선서문

평화로운 삶을 살기 위해

엄숙히 선서합니다.

20 년 월 일

초등학교 학년 반 이름

이런 말 이런 뜻

선서: 여럿 앞에서 성실할 것을 맹세함.

생각 퍼뜨리기

창의성

조선왕조 『의궤』는 조선왕조 (1392~1910) 500여 년 간의 왕실 의례에 관한 기록물로, 왕실의 중요한 의식(儀式)을 글과 그림으로 기록하여 보여 주고 있다.

1 다음 조선왕조 『의궤』 중 '화성능행도'를 보고, 알 수 있는 것들을 모두 써 봅시다.

화성능행도〈환어행렬도〉(국립고궁박물관 제공)

■ 군인들과 백성들의 옷차림을 알 수 있다.

'화성능행도'는 정조가 아버지인 사도세자의 묘를 방문하는 것을 그린 그림으로 여러 장면으로 구성되어 있고 총 길이가 15.4m입니다.

2 자신의 일생 중 가장 기억에 남는 일을 그림으로 그리고, 그것을 그린 이유를 써 봅시다.

■ 이유:

D-3 우리나라는 징병제를 유지해야 하는가

공부한 날 ________ 년 ________ 월 ________ 일

공부할 문제 '우리나라는 징병제를 유지해야 하는가'에 대해 주장하는 글을 써 봅시다.

생각 틔우기

배경 지식

1 다음 광고를 보고, 물음에 답해 봅시다.

병무청 제공

1 어떤 목적으로 만들어진 광고인지 써 봅시다.

2 광고를 보고 어떤 생각이나 느낌이 드는지 써 봅시다.

이런 말 이런 뜻

광고: 상품이나 서비스에 대한 정보를 여러 가지 매체를 통하여 소비자에게 널리 알리는 의도적인 활동.

2 다음 일기를 읽고, 물음에 답해 봅시다.

20○○년 ○월 ○일 날씨 맑음

가족끼리 저녁 식사를 하는 동안 아빠는 아무 말 없으셨고, 엄마는 눈물만 흘리셨다. 왜냐하면 큰형이 군대에 가기 때문이다. 큰형은 우리나라 남자들은 모두 군대를 갔다 오니까 너무 걱정하지 말라고 하였다. 그리고 군대 생활 열심히 씩씩하게 잘하겠다고 약속하였다. 형 말을 듣고 나도 나중에 군대를 가야 한다는 사실을 알게 되었다.

1 이 일기에 어울리는 제목을 지어 봅시다.

2 이 일기에서 아빠가 아무 말이 없으셨고 엄마가 눈물을 흘리신 이유는 무엇인지 써 봅시다.

- **모병제:** 강제로 병역 의무를 지지 않고, 본인의 자유에 따라 직업 군인으로 군대를 유지하는 병역 제도를 말한다.
- **징병제:** 국가를 위해 국민에게 강제적으로 병역 의무를 지도록 하는 제도이다. 때문에 법에 의해서 일정 나이가 되면 국민은 반드시 징병 검사를 받고 군인으로 일정 기간 복무해야 한다.
- **우리나라 병역 제도:** 우리나라는 20세 이상의 남자를 징병하는 징병제를 택하고 있으며 현재 기준(2016년 1월) 복무 기간은 21개월이다.

이런 말 이런 뜻

병역: 국민으로서 수행하여야 하는 국가에 대한 군사적 의무.
본인: 어떤 일에 직접 관계가 있거나 해당되는 사람.
징병 검사: 군대에서 복무할 자격이 되는지 신체나 신상 따위를 검사하는 일.
복무: 어떤 직무나 임무에 힘씀.

1 다음 표를 보고 물음에 답해 봅시다.

국가	군대 복무 기간
한국	21개월
대만	1993년 12월 31일 이전 출생자: 12개월 1994년 1월 1일 이후 출생자: 군사 훈련 4개월
멕시코, 브라질	12개월
베트남	18개월
스위스	6개월 미만(21주)

1 우리나라와 다른 징병제 국가들의 군대 복무 기간을 비교해 보고 생각한 점을 써 봅시다.

2 우리나라가 다른 징병제 국가들보다 군대 복무 기간이 긴 이유는 무엇일지 써 봅시다.

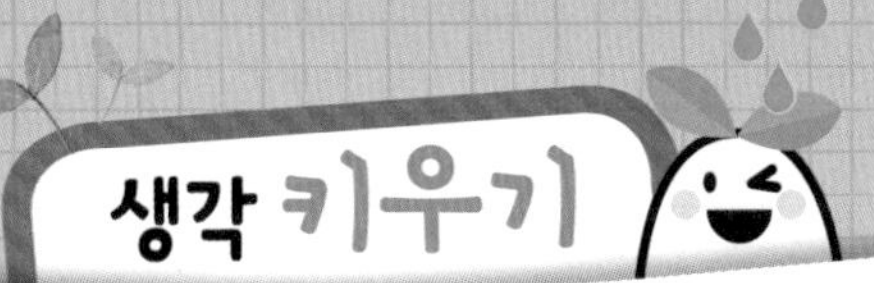

1 다음 표를 보고 자신의 생각과 느낌을 써 봅시다.

남 · 북 군사력 비교

남한	병력(평시)	북한
50만 6천여 명	육군	102만여 명
6만 8천여 명(해병대* 포함)	해군	6만여 명
6만 5천여 명	공군	11만여 명
63만 9천여 명	계	119만여 명

* 2만 8천여 명

남한	육군	북한
12개(특전사 포함)	군단(급)	15개
46개(해병대 포함)	사단	88개
14개	기동여단	72개(교도여단 미포함)
2,400여 대	전차	4,200여 대
2,700여 대	장갑차	2,200여 대
5,300여 문	야포	8,600여 문
200여 문	다련장/방사포	4,800여 문
30여 기(발사대)	지대지유도무기	100여 기(발사대)

국방백서, 2012.

2 우리나라 군대가 징병제에서 모병제로 바뀌는 것에 대해 반 친구들이 어떻게 생각하고 있는지 조사해 보고, 표에 써 봅시다.

구분	찬성	반대	합계
인원(명)			

3 문제 **2**의 결과와 같이 반 친구들이 찬성 또는 반대를 하는 이유를 써 봅시다.

- 찬성 이유:
- 반대 이유:

더 많은 내용을 알고 싶다면 인터넷에서 '모병제'와 '징병제'를 찾아봅시다.

4 다음 글을 읽고, 만약 우리나라에 군대가 없다면 어떻게 될지 써 봅시다.

군대가 없는 국가

괌, 그린란드, 나우루, 아이티, 홍콩, 마카오 등 전 세계적으로 군대가 없는 나라는 36개에 속한다. 이들 국가는 너무 멀리 떨어져 있거나 정치적인 이유 혹은 주변 강대국의 보호로 인해 군 조직이 필요 없는 경우이다.

5 다음 지도를 보고 생각이나 느낌을 써 봅시다.

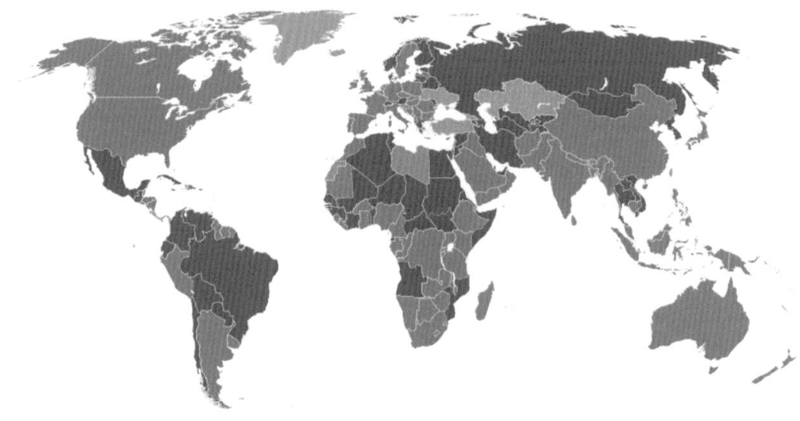

■ 모병제
■ 모병제 전환 예정
■ 징병제
■ 군대 없음

6 다음 국가들이 징병제에서 모병제로 바꾸려는 이유를 생각하여 써 봅시다.

모병제 전환 예정 국가

국가	내용
스위스	2016년도부터 징병제 예비군 폐지함.
중화민국	현재 복무 기간 4개월. 2015년 예정이였으나 군 입대 지원자의 미달로 인해 2017년으로 연기함.
터키	2020년대 이전까지 예정임.
러시아	2020년까지 군 병력의 90%를 모병제로 충원함.
카자흐스탄	2016년 모병제로 전환 예정임.

이런 말 이런 뜻

강대국: 병력이 강하고 영토가 넓어 힘이 센 나라.
전환: 다른 방향이나 상태로 바뀌거나 바꿈.

7 다음 글을 읽고, 모병제와 징병제의 장 · 단점을 생각하여 장점일 경우에는 '장', 단점일 경우에는 '단'을 써 봅시다.

구분	내용	장 · 단점
모병제	위급할 때 병력 증가가 어렵다.	
	적은 수로 군대를 만들 수 있다.	
	병역 비리 같은 사회적인 문제점이 없다.	
	지원하는 사람의 지위나 성품에 문제가 생긴다.	
	봉급을 주어야 하기 때문에 국방비가 많이 든다.	
징병제	국방비가 상대적으로 적게 든다.	
	군대의 규모가 일정하게 유지된다.	
	병역 비리로 인한 사회 문제가 발생한다.	
	병사 개개인의 동기 부여가 상대적으로 약하다.	
	병사들의 지위나 성품은 비교적 문제가 되지 않는다.	

8 우리나라가 징병제에서 모병제로 바꾸면 어떻게 될지 생각을 써 봅시다.

9 다음 중 징병제에서 모병제로 바꿀 때 예상되는 장점과 단점을 찾아 기호를 써 봅시다.

㉠ 국방비가 증가할 것이다.
㉡ 병력의 수가 줄어들게 된다.
㉢ 동기 부여가 강해질 것이다.
㉣ 전문성을 갖춘 군인이 될 것이다.
㉤ 병사들의 인권 수준 및 복지가 향상될 것이다.
㉥ 강제적으로 군대를 가지 않는 대신 자신의 능력을 발휘할 수 있다.

- 장점:
- 단점:

이런 말 이런 뜻

봉급: 어떤 직장에서 계속적으로 일하는 사람이 그 일의 대가로 정기적으로 받는 일정한 보수.
비리: 올바른 이치나 도리에서 어그러짐.
동기 부여: 자극을 주어 행동하게 만드는 일.
병력: 군대의 힘.
복지: 행복한 삶.

1 모병제와 징병제의 장점과 단점을 정리해 봅시다.

구분	모병제	징병제
장점	• 적은 수로 군대를 만들 수 있다.	
단점	• 국방비가 많이 든다.	

1 '우리나라는 징병제를 유지해야 하는가'에 대한 자신의 입장을 써 봅시다.

우리나라는 징병제를 ______________________

2 다음 보기의 제목처럼 자신의 입장에 알맞은 제목을 써 봅시다.

보기
- 찬성: 우리나라는 우리 모두가 지켜야 한다
- 반대: 작고 강한 군대로 나라를 지키자

____

글쓰기

1 '우리나라는 징병제를 유지해야 하는가'에 대한 자신의 입장을 밝히고 글을 써 봅시다.

제목: ______________________

____

____

이에 나는 '우리나라는 징병제를 유지해야 하는가'라는 의견에 (찬성, 반대)하고 그 이유를 다음과 같이 밝힌다.

첫째, ______________________

____

____

둘째, ______________________

____

____

셋째, ______________________

____

____

넷째, ______________________

____

____

나는 '우리나라는 징병제를 유지해야 하는가'라는 의견에 (찬성, 반대)한다.

____

____

근거를 쓸 때는 앞에서 살펴본 내용을 확인하고 작성하여 봅시다.

생각 퍼뜨리기

창의성

1 '우리나라는 징병제를 유지해야 하는가'에 대한 생각을 담아 일기를 완성해 봅시다.

20○○년 ○월 ○일 날씨 맑음

제목: 군대에 가는 큰형

가족끼리 저녁 식사를 하는 동안 아빠는 아무 말 없었고, 엄마는 눈물만 흘리셨다. 왜냐하면 큰형이 군대에 가기 때문이다. 큰형은 우리나라 남자들은 모두 군대를 갔다 오니까 너무 걱정하지 말라고 하였다. 그리고 군대 생활 열심히 씩씩하게 잘 하겠다고 약속하였다. 형 말을 듣고 나도 나중에 군대를 가야 한다는 사실을 알게 되었다. 그래서 나는 징병제와 모병제에 대해 알아보고 우리나라가 징병제 제도를 유지해야 하는가에 대해 생각해 보았다.

나는 우리나라 성인 남자가 대부분 군대에 가는 징병제에 대해 (찬성, 반대)한다. 그 이유는 다음과 같다.

____

____

____

____

____

____

____

____

____

____

____

내가 바라는 것은 우리 큰형이 군대에 가서도 다치지 않고 씩씩하게 생활하는 것이다. 그리고 우리나라가 힘이 세서 다른 나라가 쳐들어오지 않고 항상 평화롭게 살아가는 것이다. 오늘 밤은 내가 군대에 가는 꿈을 꿀 것 같다.

이런 말 이런 뜻

성인: 자라서 어른이 된 사람.

평화롭다: 전쟁, 분쟁 또는 일체의 갈등이 없이 평온하다.

1 세계 모든 국가가 평화롭게 살아갈 수 있는 방법을 생각하여 써 봅시다.

- UN에서 군대를 없애는 합의문을 만든다.
-
-

2 세계 평화 기원 캐릭터를 그리고, 캐릭터에 대하여 설명하여 봅시다.

이런 말 이런 뜻

기원: 바라는 일이 이루어지기를 빎.
캐릭터: 인물이나 동물의 모습을 그린 것.

EBS 논술톡의
해답

A 나와의 약속

A-1 플랜더스의 개

9쪽 배경지식

1 아이가 빵을 너무 많이 먹어서 배를 잡고 아파할 것이다.

2

절	제

10쪽 낱말 익히기

1

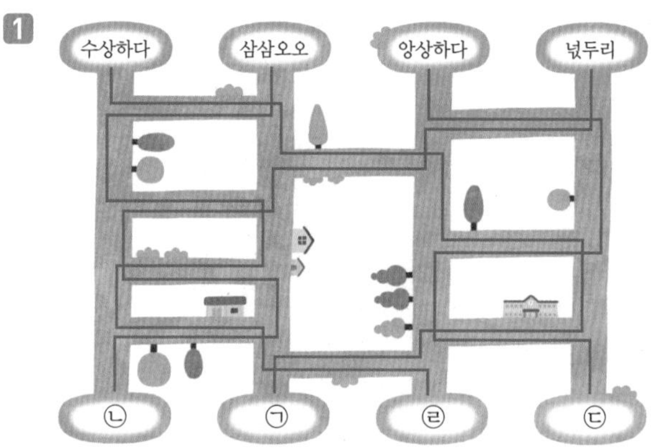

2 1 ⓛ

㉠ 내 짝꿍 동수의 성격은 매우 모질다.

2 ㉠

㉠ 어제 그린 밑그림에 오늘은 채색하였다.

3 ⓒ

㉠ 요즘 우리 집 강아지 덕구가 까칠하다.

11쪽 예측하기

1 〈네로〉

예) 자신보다 남을 더 걱정하고 배려하는 성격인 것 같다.

*얼굴 그림 자유롭게 그리기

〈코제츠 부인〉

예) 다정하고 다른 사람을 잘 이해해 주는 성격인 것 같다.

*얼굴 그림 자유롭게 그리기

2 〈네로〉

• 예) 백성공주 / 마음씨가 착하기 때문이다.

〈코제츠 부인〉

• 예) 흥부 / 형의 입장을 잘 이해해 주기 때문이다.

12쪽 내용 파악하기

1 행복하게 해 주고 싶다.(또는 다시는 수레를 끌지 않게 해 주고, 배고프지 않게 해 주고 싶다.)

2 대회에서 수상하지 못해서

13쪽 내용 파악하기

3 코제츠 씨의 지갑

14쪽 내용 파악하기

4 알로아의 아버지가 지갑을 잃어버린 일

15쪽 내용 파악하기

5 파트라슈와 작별을 하기가 쉽지 않을 것 같아서

16쪽 내용 정리하기

1 ⓒ, ⓡ, ㉠, ⓛ

2 1 대회의 입상자를 알기 위해서

2 쓰러진 네로를 보호하기 위하여

3 코제츠(알로아의 아버지)

4 네로가 그린 알로아의 그림

5 파트라슈가 행복하게 지내는 것(파트라슈가 굶지 않는 것)

17쪽 내용 정리하기

3

구분	정리한 내용
누가	네로, (파트라슈)
언제	미술 대회 입상자 발표 날
어디서	(공회당) – 길거리 – (알로아의 집)
무엇을	거리에서 (지갑)을 주었다.
어떻게	(지갑)의 주인인 (코제츠)에게 찾아갔다.
왜	(지갑)을 주고, 알로아 어머니께 (파트라슈)를 맡아 달라고 부탁드리기 위해

2 예) 네로와 파트라슈는 미술 대회의 결과를 알기 위해 공회당으로 갔다. 하지만 네로의 그림은 뽑히지 않았다. 돌아오는 길에 파트라슈가 지갑을 주었다. 네로는 지갑을 주기 위해 코제츠 씨의 집으로 갔다. 네로는 지갑을 주면서 파트라슈를 돌보아 달라고 부탁드리고 코제츠 씨의 집을 뛰쳐나왔다.

18쪽 느낌 · 생각

1 예) 모든 대회는 공정해야 해. / • 네로는 정말 천사 같은 아이야. / • 알로아 어머니께서 진심으로 고마워하실 것 같다.

2 예) 코제츠 씨가 부인에게 이야기를 전해 듣고 길에서 헤매고 있는 네로를 찾아 같이 살자고 제안을 할 것 같다.

19쪽 일반화

1 예 사는 게 너무 힘들고 배가 몹시 고픈 상태이므로, 주운 돈을 먼저 사용할 것이다. 그리고 나중에 갚을 것이다.

2 예 • 컴퓨터 게임을 할 때
• 늦잠을 자고 싶을 때

3 예 더 하고 싶어도 더 중요하고 큰 일을 하기 위해서 참는 것이다.

4 예

네로의 소원

네로는 소원이 있어.
파트라슈와 함께 있는 것.

네로는 소원이 있어.
파트라슈가 행복해 지는 것.

네로는 소원이 있어.
그 소원은 꼭 이루어질 거야.

20쪽 창의성

1 예 • 네로와 파트라슈가 길거리에서 지갑을 줍는 내용
• *'절제'의 의미가 잘 드러나게 책 표지 꾸미기

21쪽 창의성

2 예

세영이에게
세영아, 안녕?
너에게 책을 한 권 소개하려고 편지를 쓰는 거야.
책 제목은 『플랜더스의 개』야.
이 책은 네로와 파트라슈가 나오는 감동적인 이야기야! 네로는 힘든 상황에서 자기가 사랑하는 파트라슈와 이별을 해야 했어. 그때 네로는 이별하는 것이 매우 어려웠지만, 잘 참았단다. 우리도 살면서 어떤 일을 할 때 참고 절제해야 할 때가 있는 것 같아. 이 책은 우리에게 절제라는 것에 대해 생각할 수 있도록 도움을 준단다. 많은 감동과 교훈을 주는 책이니까 네가 꼭 읽어 보면 좋겠어!
그럼, 안녕.

2016년 7월 30일
서윤이가

A-2 청산은 나를 보고

23쪽 배경지식

1 1 • 나를 보고 말없이 살라고 한다.
• 나를 보고 티 없이 살라고 한다.
2 욕심도 벗어 놓고 성냄도 벗어 놓아야 한다.

24쪽 낱말 익히기

1 1

만수산	㉠	드렁칡	㉡	얽히다	㉢
백골	㉣	진토	㉤	넋	㉥
임	㉦	향하다	㉧	일편단심	㉨

24쪽 낱말 익히기

1 예

이방원	욕심이 많은 것 같다.
정몽주	애국심이 깊은 것 같다.

2 예 〈하여가〉 같은 편이 되어 달라는 내용을 담고 있다.
〈단심가〉 어떠한 경우라도 마음을 바꾸지 않겠다는 내용을 담고 있다.

3 예 나도 정몽주처럼 변치 않는 마음을 갖겠다고 답하였을 것이다.

4 예 나라가 / 흥하거나 / 나라가 / 망하거나
언제나 / 어디서나 / 내 마음은 / 한결같아
올곧은 / 일편단심이 / 흔들림을 / 막누나.

26쪽 내용 파악하기

1 1 소리 없이 안는다.
2 예 내가 만약 바다라면 성난 바람과 맞서 싸웠을 것이다.
3 예 현대 시조는 옛시조와 다르게 글자 수, 행과 연 구별 등의 형식이 자유롭다.

27쪽 창의성

1 예 • 언제: 지난 월요일 / • 어디서: 운동장에서
• 누구와: 짝과 / • 무엇을: 축구공을
• 어떻게: 빼앗으며 싸웠다.
• 왜: 골을 넣고 싶어서

2 예 • 기분: 화가 나고 기분이 나빴다.
• 하고 싶은 말: 내 잘못은 생각하지 않고 너에게만 화를 내서 미안해.

3 예 친구야 미안했어 사랑해 진심으로
내 마음 다시 잡고 우리의 깊은 우정
또다시 다투지 말고 변함없이 지내자

A-3 청소년의 인터넷 사용 시간 제한은 필요한가

29쪽 배경지식

1 세계, 컴퓨터, 연결, 정보, 교환

2 예 • 자료를 찾기 위해서 인터넷 검색을 하였다.
• 인터넷 게임을 하기 위해서 사용하였다.
• 이메일을 보낼 때 사용하였다.

3 예 〈장점〉
• 인터넷으로 쇼핑을 할 수 있다.
• 게임을 즐길 수 있다.
〈단점〉
• 악성 댓글로 상처를 받을 수 있다.
• 바이러스로 인해 컴퓨터가 고장날 수 있다.

30쪽 문제 알기

1 1 스마트폰이 없으면 불안하다, 스마트폰 사용에 많은 시간을 보내는 것이 습관화되었다, 스마트폰을 그만해야겠다고 생각하면서도 계속한다, 수시로 스마트폰을 사용하다 지적을 받았다.
2 학업이나 일상생활에 지장을 준다, 가정 내 갈등 및 대화 단절, 대인 관계 문제까지 유발할 수 있다, 10대 청소년이 스마트폰에 빠지게 되면 통합적 사고력 및 자기 조절력이 충분히 발달하지 못할 위험이 있다.

31쪽 문제 해결 방법 알기

2 예 학부모 대다수가 셧다운제가 필요하다고 생각하고 있고, 셧다운제 확대도 원하고 있다.

32쪽 문제 해결 방법 알기

3 1 정보의 바다, 기쁨 전파사, 포근한 카페
2 예

㉠	똑똑한 백과사전
㉡	모르는 것이 있으면
㉢	궁금증을 해결해 주지

3 예

인터넷은 나쁜 친구

인터넷은 거짓말쟁이
내가 주의 깊게 생각하지 않으면
언제든 거짓 정보를 알려주지

인터넷은 유혹하는 악마
그만해야지 마음먹으면
조금 만 더 하고 나를 유혹하지

33쪽 문제 해결 방법 알기

4 1 인터넷 게임 중독
2 게임 중독을 버리고 넘치지 않게 해야 한다.
3 예 휴대폰 게임에 빠져 밤늦게까지 잠도 안 자고 하다가 나중에는 꾹 참고 숙제를 했다.
4 예

욕심
언젠가 나도 몰래 한없이 하다 보니
느덧 날이 새고 온몸은 아프구나
그래도 깨닫지 않고 오늘 밤도 하누나

34쪽 문제 해결 방법 알기

5 예 〈찬성〉
• 인터넷 사용 시간을 제한하지 않으면 절제력이 부족한 청소년은 중독에 빠질 수 있다.
• 늦은 시간까지 인터넷을 사용하면 수면을 방해 받거나 눈이 나빠질 수 있다.
• 학교 공부에 소홀해질 수 있다.
〈반대〉
• 청소년이 모두 옳지 않은 목적이나 방법으로 인터넷을 사용하는 것은 아니다.
• 인터넷 사용 시간을 제한하여도 게임을 할 수 있는 방법이 많다.
• 사용 시간을 제한하면 부모님과의 갈등이 생길 수 있다.

35쪽 제목 정하기

1

제목	입장
믿음, 해결의 실마리	반
늪에 빠진 인터넷 세상	찬
어두운 시간 어두운 인터넷!	찬
궁금증과 호기심은 시간을 가리지 않아요	반

2 예 찬성 / 반대

3 예 절제가 필요한 청소년 / 믿어 주세요

4 예

입장	근거
찬성	■ 인터넷 사용 시간을 통제하지 않으면 중독에 빠질 수 있다. ■ 늦은 시간에 청소년들이 인터넷으로 유해 사이트 등을 방문할 수 있다. ■ 인터넷을 오랫동안 사용하면 시력 저하, 수면 부족 등의 건강 문제를 일으킬 수 있다.

입장	근거
반대	■ 청소년도 스스로 인터넷 사용 시간을 절제할 수 있다. ■ 기술적으로 유해 사이트를 차단할 수 있다. ■ 청소년이 모두 옳지 않은 목적이나 방법으로 인터넷을 사용하는 것은 아니다.

36쪽 글쓰기

1 예 〈찬성〉

제목: 절제가 필요한 청소년

(찬성), (찬성)

첫째, 중독의 위험이 있다. 통제력이 부족한 청소년의 경우 내버려 두면 자제하지 못하고 계속하게 된다.

둘째, 인터넷을 통해 불건전한 사이트에 접근할 수 있다. 유해한 사이트를 들어가면 청소년에게 정신적으로 나쁜 영향을 미친다.

셋째, 건강 문제가 생길 수 있다. 인터넷을 장시간 사용하면 시력이 저하되고 전자파에 노출되어 불면증도 생기고, 성장에 방해를 받을 수 있다.

(찬성)

중독의 위험이 있고, 인터넷을 통해 불건전한 사이트에 접근할 수 있으며 건강 문제가 생길 수도 있으므로, 청소년이 인터넷을 사용하는 데에는 반드시 시간적 제한이 필요하다.

〈반대〉

제목: 믿어 주세요.

(반대), (반대)

첫째, 청소년도 인터넷 사용 시간을 절제할 수 있다. 청소년도 성장하였기 때문에 무조건 중독되는 것은 아니다.

둘째, 기술적으로 유해 사이트를 차단할 수 있다. 청소년이 인터넷으로 유해한 사이트를 접속하지 못하도록 부모님이 사전에 막을 수 있는 기술이 충분히 발달되어 있다.

셋째, 청소년들이 모두 옳지 않은 목적이나 방법으로 인터넷을 사용하는 것은 아니다. 대다수의 청소년들이 올바른 방법으로 인터넷을 사용하고 있다.

(반대)

청소년도 인터넷 사용 시간을 절제할 수 있고, 기술적으로 유해한 사이트 접속을 차단할 수 있으며, 청소년들이 모두 옳지 않은 목적이나 방법으로 인터넷을 사용하는 것은 아니므로, 청소년들이 인터넷을 사용하는 데 시간적으로 제한을 할 필요는 없다.

37쪽 작품화

1 예

(공청회)에 초대합니다.

안녕하십니까? 청소년의 인터넷 사용 시간 제한에 대한 여러분의 의견을 듣고자 합니다. 과도한 인터넷 사용은 우리 청소년의 미래에 악영향을 끼칠 수 있습니다. 여러분들의 소중한 의견을 듣고자 합니다.

일시: 2016년 5월 25일

장소: ○○초등학교 강당

2 예

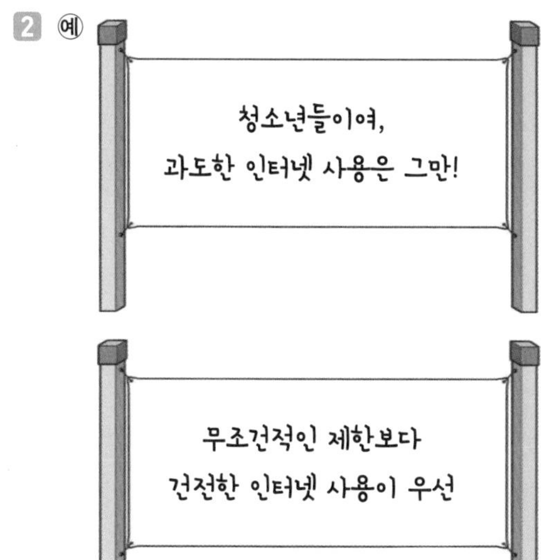

B 성공의 열쇠

B-1 우리들의 일그러진 영웅

41쪽 배경지식

1 

2 (○) (　) (　) (　)

3 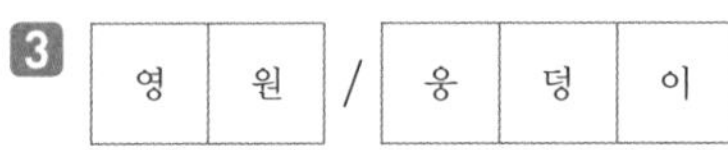

영	원	/	웅	덩	이

4

영	웅

(지혜)와(과) (재능)이(가) 뛰어나고 (용맹)하여 보통 사람이 하기 (어려운) 일을 해내는 사람.

42쪽 배경지식

5 

6 1 예 동생이 잘못했는데 엄마한테 나만 혼났을 때 얼굴이 일그러졌다.
2 예 많이 속상하고 동생이 미웠다.

7 예 슈퍼맨이다. 왜냐하면 슈퍼맨은 나쁜 악당을 물리치고 지구를 구하기 때문이다.

43쪽 예측하기

1 1 예 가 시험 보는 모습
나 선생님께 맞는 모습
2 예 가 조마조마다하다, 떨린다, 긴장된다
나 무섭다, 두렵다, 속상하다
3 예 시험 시간에 모르는 문제가 나와서 친구 시험지를 몰래 보다가 선생님께 걸려서 혼이 났다.

44쪽 내용 파악하기

1 박원하가 시험 답안지에서 자신의 이름을 지우고 엄석대의 이름을 쓰는 것을 보았다.

2 친구들이 답안지의 이름을 바꾸어 써서 점수를 높여 주었다.

45쪽 내용 파악하기

3 석대가 특별히 우대하는 몇 명

4 엄석대의 무서운 비행을 알려 석대와의 싸움을 뒤집어 보자는 것

46쪽 내용 파악하기

5 석대는 전 학년에서 1등을 했고 나머지는 모두가 전 한교 10등 밖인 이유

6 석대가 매를 맞고 있다는 사실

7 예 태연한 마음에서 괴로운 마음으로 변화하였다.

47쪽 내용 파악하기

8 잘못했다는 말을 쉽게 했기 때문이다.

9 다른 번거로운 절차 없이 석대에게 잘못했다는 말을 끌어내기 위해서이다.

48쪽 내용 정리하기

1 예

박원하가 주위를 살펴보고 행동이 수상했기 때문입니다.

이름을 바꾸어 쓰지 않았을 것입니다.

매우 놀랐습니다.

엄석대뿐만 아니라 박원하도 함께 혼냈을 것입니다.

2 예 전교 1등의 비밀

박원하가 자신의 시험지에 엄석대의 이름을 쓰는 사건이 발생하였다. 이러한 일에는 박원하뿐만 아니라 우리 반 많은 학생들이 가담하였고 이로 인해 엄석대가 전교 1등을 할 수 있었다고 한다. 이를 알게 된 담임 선생님께서는 엄석대를 때렸고, 엄석대는 잘못을 시인하였다.

한병태 기자

49쪽 느낌 · 생각

1 예

사건	색깔	이유
박원하가 자신의 시험지에 엄석대의 이름을 쓴 일	(회색 원)	엄석대의 이름을 쓴 것은 잘못된 일이기 때문이다.
'나'(한병태)가 엄석대가 놀라운 평균 점수를 얻어 내는 비결을 알게 된 일	(검은색 원)	엄석대의 행동이 매우 옳지 않은 일이기 때문이다.

담임 선생님께서 엄석대를 때린 일		엄석대도 맞는다는 사실이 충격적이었기 때문이다.
엄석대가 담임 선생님께 자신의 잘못을 인정한 일	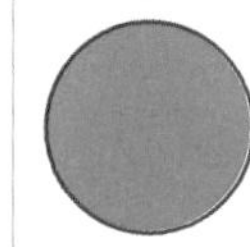	문제가 해결되었기 때문이다.

2 예

색깔	이유
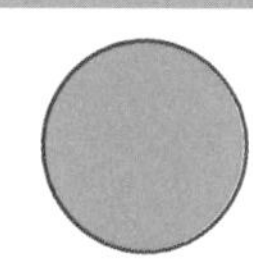	친구들끼리 답안지를 바꾸어 쓰고 선생님께 혼이 나는 모습을 보면서 기분이 씁쓸하고, 한편으로는 마음이 아팠기 때문이다.

50쪽 일반화

1 예

담임 선생님께

제가 지금까지 친구들과 시험 점수를 바꾸고 숙제도 대신하게 했습니다. 제 잘못을 반성하고 앞으로 절대 그렇게 하지 않겠습니다. 죄송합니다.

엄석대 올림

엄석대에게

석대야! 미안하다. 네가 잘못했을 때 친구로서 하지 말라고 확실히 이야기를 했어야 했는데, 그렇게 하지 못했어. 앞으로 우리 정직하게 살자.

한병태 씀

2 예 이 책은 자신의 일을 남에게 떠맡기는 사람 혹은 성실하지 못한 사람들이 읽고 반성할 수 있을 만큼 가치 있는 책이다.

51쪽 창의성

1 예 *영웅의 모습 자유롭게 그리기

- 이유: 우리가 위험에 빠졌을 때 구해 주고 귀중한 생명과 재산을 지켜 주기 때문이다.

2
- 험한 (길)을 오르려면 처음에는 천천히 걸어야 한다.

  – 셰익스피어
- 꿈을 날짜와 함께 적어 놓으면 그것은 (목표)가 되고, 목표를 잘게 나누면 그것은 (계획)이 되며, 계획을 실행에 옮기면 (꿈)은 실현되는 것이다.

  – 그레그 S.레이드
- 성공은 절대 저절로 찾아오지 않는다. (노력)하는 자만이 성공을 얻는다.

  – 빌 게이츠

B-2 스탠퍼드대 연설문

53쪽 배경지식

1

2
- (가치) 있고 (중요)한 주장인지 판단한다.
- (실천)할 수 있는 주장인지 판단한다.
- (주장)에 대한 (근거)가 적절한지 판단한다.

54쪽 배경지식

3 예 • ㉠
- 정보를 쉽게 찾지 못하고, 언제(어디서)든지 편하게 소통할 수 없었을 것이다.

4

5 예 장염이 걸려서 하루 종일 아파서 학교와 학원도 가지 못하고 집에서 누워만 있었을 때가 가장 힘들었다.

55쪽 예측하기

1 예

2
- 절망스럽고 자존심이 상했을 것이다.
- 뿌듯하고 자랑스러웠을 것이다.

56쪽 내용 파악하기

1 부모님의 차고에서 스티브 워즈니악과 회사를 만들었다.

2 인생의 목표를 잃어버려 참담한 심정이었다.

3 일에 대한 사랑이 식지 않았기 때문이다.

57쪽 내용 파악하기

4 성공이라는 중압감에서 벗어나 초심자의 마음으로 돌아갈 수 있었고, 그 덕분에 자유를 만끽할 수 있었기 때문이다.

5 결코 믿음을 잃지 말라고 하였다.

6 사랑하는 일을 하고 있는 그 순간

58쪽 내용 정리하기

1 ○ / × / ○ / ○ / × / ○

58쪽 느낌 · 생각

1 예 • 끝까지 포기하지 말고 계속 도전하자.(아무리 힘든 일을 겪어도 포기하지 말자.)

• 어떤 일을 할 때 쉽게 포기하지 말고 꾸준히 최선을 다해야겠다고 생각했다.(내가 하고 싶은 일을 찾아 열심히 해야겠다고 생각했다.)

59쪽 창의성

1 예

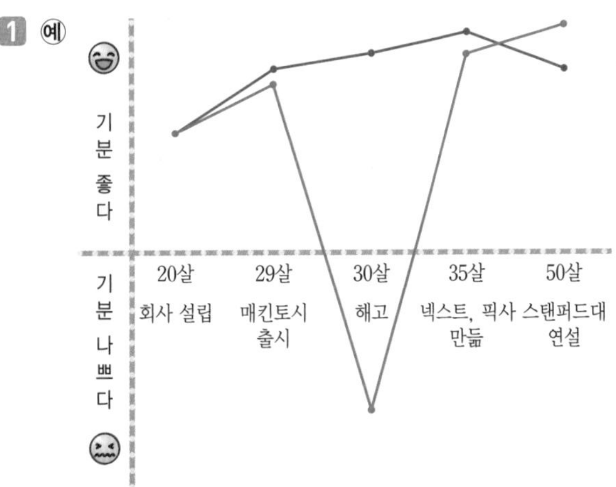

2 예

20살	대학교에 갔다.
29살~30살	직장에 취직하였다.
35살	결혼을 하였다.
50살	회사에서 은퇴를 하였다.

3 예 스티브 잡스는 자신의 꿈을 위해 노력하다가 한때 좌절도 하였지만 끝내 성공하였다. 그러나 나는 평평한 인생을 살 것 같다. 변화가 없어 재미는 없겠지만 나도 꿈을 위해 노력해야겠다.

B-3 방학 생활 계획표는 필요한가

61쪽 배경지식

1 예

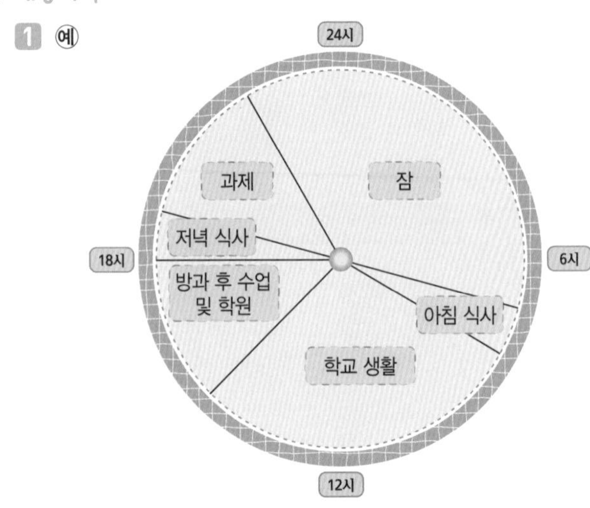

2 예 학교에서 친구들과 놀았던 일

3 예 학원에서 공부한 일

4 예 학교에서 수업을 하고 방과 후 수업을 하고 학원에 가서 공부를 하다 저녁에 과제를 하였다.

62쪽 문제 알기

1 1 방학이라고 너무 늦게 일어나서

2 규칙적으로 생활하지 않기 때문이다.

2 1 재민이가 자신의 일에 책임감을 가지고 열심히 생활하지 않은 것

2 방학 생활 계획표를 만들고 계획표대로 하루 일과를 보내게 하려고 하신다.

63쪽 문제 해결 방법 알기

1

1

생활용품	치약, 종이컵	가공 식품	간장, 라면
문구	연필	유제품 · 음료	치즈, 사이다
채소 · 과일	양파, 포도	생선	고등어
의류	양말	정육	돼지고기

2 예 입구 ➡ (㉠) ➡ (㉡) ➡ (㉢) ➡ (㉥) ➡ (㉧) ➡ (㉤) ➡ (㉣) ➡ (㉦) ➡ 출구

3 예 충동 구매를 줄일 수 있고 왔던 길을 되돌아가지 않아도 된다.

64쪽 문제 해결 방법 알기

2 예 시간을 헛되이 보내지 않는다고, 보다 많은 체험을 할 수 있다. 또 여행을 마치고 되돌아보았을 때 후회하는 경우가 적다.

3 예 • 시간 절약
• 계획은 세워 일을 하면 시간 절약을 할 수 있기 때문이다.

4 예

만들었을 때	만들지 않았을 때
계획한 걸 실천할 수 있고, 여유롭게 시간을 보낼 수 있다.	게을러지고, 시간을 헛되이 보내게 된다.

65쪽 문제 해결하기

1 ( ) / (○) / (○) /
( ) / (○) / (○)

2 • ㉣, ㉤ • ㉠ • ㉡ • ㉢

3 예 찬성한다. 그 이유는 규칙적으로 생활할 수 있고, 자신의 생활을 반성할 수 있으며, 시간을 효과적으로 사용할 수 있기 때문이다.

66쪽 초고 쓰기

1 예 제목: 계획표는 방학 생활을 도와주는 친구
• 그래서 나는 학생들이 방학 생활 계획표를 작성하고 실천하면 좋겠다.
• 첫째, 자신이 해야 하는 일을 할 수 없다. 왜냐하면 좋아하는 일과 해야만 하는 일을 구분할 수 없기 때문이다. 둘째, 시간을 헛되이 보내게 된다. 왜냐하면 시간을 체계적으로 계획하지 않았기 때문에 무심코 시간을 보낼 수 있기 때문이다.
• 첫째, 자신이 좋아하는 일과 해야 할 일을 구분해야 한다. 둘째, 계획한 일이 실행될 수 있게 계획해야 한다. 셋째, 반성할 수 있는 시간을 포함해야 한다. 넷째, 잘못된 일을 수정할 수 있는 여건을 마련해야 한다.
• 첫째, 방학 동안 자기가 하고 싶은 일이나 해야만 하는 일을 체계적으로 할 수 있다. 둘째, 자신의 방학 생활을 반성하고 좀 더 나은 생활을 할 수 있도록 노력할 수 있다.
• 방학 생활 계획표를 만들면 방학 생활을 알차고 보람되게 보낼 수 있다.

67쪽 글쓰기

1 예 • 방학 생활 계획표는 필요하다
• 6학년 친구들
• 3분
• 교실

2 (○) (○) (○)
( ) ( ) (○)

3 예 • 친구들이 방학 동안 관심 있어 하는 것을 묻는다.
• 계획표는 우리를 도와주는 친구라는 것을 반복한다.
• 계획표를 짜서 실천하면 우리의 꿈이 실현될 것이라는 희망적인 말을 쓴다.

68쪽 창의성

1 예 제목: 계획표는 방학 생활을 도와주는 친구
• 여러분은 방학 때 어떤 생활을 하시나요? 혹시 방학 생활 계획표를 세우나요? 방학 생활 계획표를 짜지 않고 그냥 무작정 방학을 보내서 건강의 불규칙, 나태함 등의 부작용이 있지는 않았나요?
• 방학 생활 계획표는 우리를 도와주는 친구입니다. 방학 생활 계획표는 방학을 체계적으로 보낼 수 있게 도와주는 친구입니다. 또한 하고 싶은 일과 해야 하는 일을 구별해 주는 친구입니다. 그러므로 여러분은 방학 생활 계획표라는 친구를 꼭 만들어야 합니다.
• 방학 동안 여러분은 꿈과 미래를 위해 노력할 것이고 여러분의 성공이 눈앞에 펼쳐질 것입니다. 분명 방학 생활 계획표라는 친구는 여러분의 앞날을 밝게 빛내 줄 것입니다.

69쪽 작품화

1 1 예 패션 디자이너
1 예 그림 공부하기, 다양한 옷에 관심 갖기
3 예

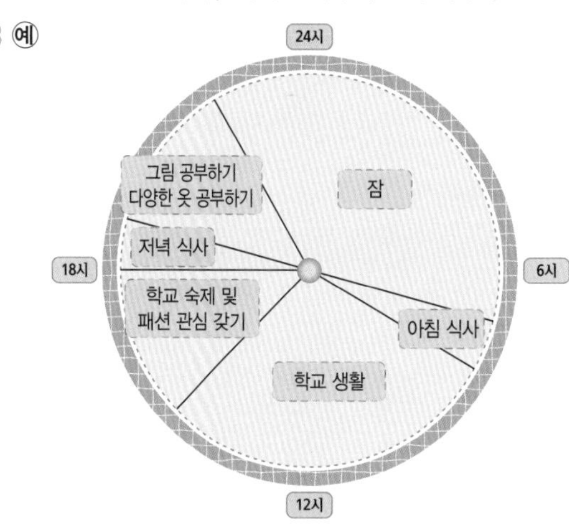

4 예 꿈을 위해 알차게 보내게 되어 기분이 좋다. 패션 디자이너가 되는 것이 힘들다고 해도 꾸준히 노력하면 성공할 것이라고 생각한다.

C 우리말 나들이

C-1 괭이부리말 아이들

73쪽 배경지식

1
이	웃	사	촌

2 예 • 조용하고 깨끗한 환경에서 지낼 수 있다.
• 이웃과 어울릴 수 없어 심심할 것 같다.

3 예 • 인사를 잘해서 예쁘구나.
• 그렇게 시끄럽게 떠들면 어떡하니? 예의가 없구나.

4 예 • 윗사람에게 말을 할 때는 높임말을 써야 예의 바르기 때문이다.

74쪽 낱말 익히기

1
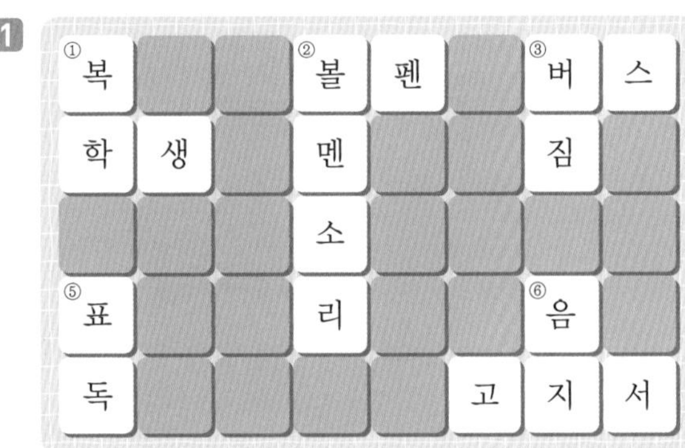

2 예 • 복학 : 작년에 아파서 학교를 휴학한 형이 어제 복학을 하였다.
• 음지: 음지에서는 식물이 잘 자라지 않는다.
• 볼멘소리: 친구가 아파서 시험 공부를 못 했다며 볼멘소리를 하였다.

75쪽 예측하기

1 예

내용	순서
동준이와 동수는 영호 삼촌네 집에서 같이 살았다.	1
동수는 영호 삼촌과 말다툼을 한 후 집을 나갔다.	2
동준, 동수, 명환이는 영호 삼촌네 집에서 같이 살게 되었다.	5
영호 삼촌은 누구 마음대로 명환이를 데려왔냐면서 동수에게 화를 냈다.	4
동준이가 집에 와 보니 집을 나갔던 동수가 명환이와 함께 돌아와 있었다.	3

2 예 동준이와 동수가 영호 삼촌네 집에 같이 살았는데, 동수가 영호 삼촌과 말다툼을 한 후 집을 나갔다. 얼마 뒤 영호 삼촌 집에서 동준이는 동수와 명환이를 발견하고, 그 뒤로 동준, 동수, 명환, 영호 삼촌 모두 같이 살게 되었을 것이라고 순서를 예측하였다. 그 이유는 이야기의 흐름으로 보았을 때 원인과 결과의 관계가 자연스럽기 때문이다.

76쪽 내용 파악하기

1 어머니가 살아 있을 때처럼 마음이 따뜻해졌다.

2 영호가 학교에 다시 가라는 말에 화가 나서

77쪽 내용 파악하기

3 숙희가 동준이는 엄마, 아빠도 없는 애라고 말해서

78쪽 내용 파악하기

4 아버지의 얼굴을 마음 깊이 눌러 넣어 버렸다.

5 형 때문에 영호 삼촌과 못 살게 될까 봐

79쪽 내용 파악하기

6 명환이를 영호 삼촌네 집에 데려다 놓기 위해서 돌아왔다.

80쪽 내용 파악하기

7 명환이의 아버지가 때려서

8 돈을 벌지 않고 은행에 있는 돈만 야금야금 꺼내 쓸 수 없어서

81쪽 내용 정리하기

1 영호, 동수, 동준, 숙희, 숙자, 명환, 명환 아버지, 명환 어머니

2
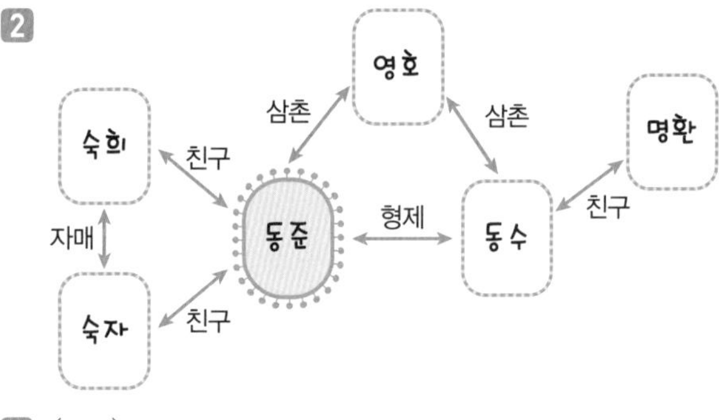

3 (○)
(○)
(○)
(×)
(×)

82쪽 내용 정리하기

4

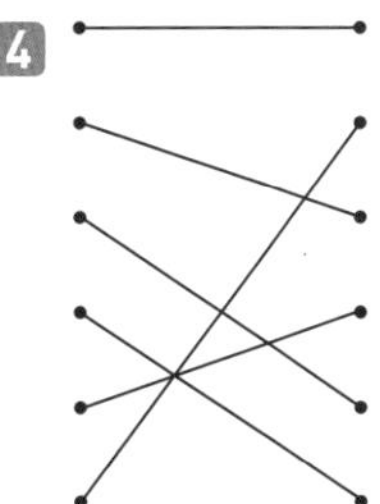

5 ㉥ • "너 기분이 좋지 않니?"

• "창피해. 자기가 먼저 내 기분을 나쁘게 해 놓고, 치사하게 토라지냐."

• "난 저 친구만 여기다 데려다 놓고 나가려고 했어."

83쪽 느낌 · 생각

1 1 ㉥ 내가 동준이라면 숙희의 말에 매우 기분이 나빠져 숙희에게도 똑같이 기분 나쁜 말을 했을 것이다.

2 ㉥ 동수의 말에 상처를 받아 더 이상 동수와 같이 살고 싶지 않을 것이다.

3 ㉥ 영호 삼촌이 한 말이 옳기 때문에 스스로 한 행동에 잘못을 느끼고 반성할 것이다. 그리고 다시는 본드를 하지 않기 위해서 노력할 것이다.

84쪽 일반화

1 ㉥ • 평소 나는 이웃들과 서먹한 사이로 지내고 있다. 옆집 아주머니를 만나도 어색하여 인사를 잘하지 못한다.

• 이웃들과 사이좋게 지내기 위해 어색하더라도 내가 먼저 인사를 해야겠다.

2 ㉥ • 살 집을 정할 때는 집 자체보다도 주위의 이웃을 더 신중히 가려서 정해야 한다.

• 자주 보는 사람이 정도 많이 들고 도움을 주고받기도 쉽다.

3 ㉥ • 나는 평소 바르고 고운 말을 사용하기 위해 노력한다. 그런데 가끔 친구들과 싸우거나 기분이 좋지 않을 때는 욕도 한다.

• 앞으로 아무리 화가 나도 바르고 고운 말을 사용할 것이고 친구에게도 고운 말을 쓰자고 할 것이다.

85쪽 창의성

1 〈비어〉

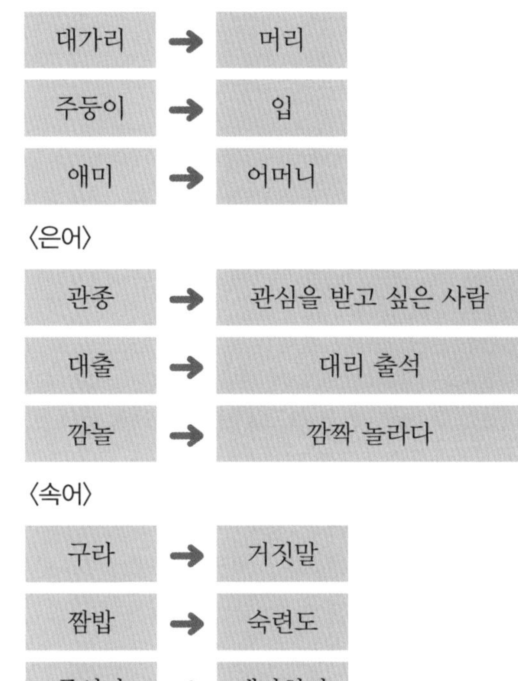

2 ㉥

C-2 고운 말을 사용합시다

87쪽 배경지식

1 주장(의견, 생각), 근거(이유)

2

3 1 고운 말을 사용하자.

2 고운 말 한마디가 세상을 바꾼다. 무심코 던진 한마디로 누군가는 가슴에 멍이 든다.

88쪽 낱말 익히기

1 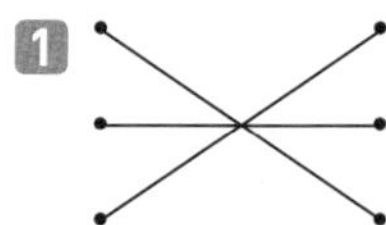

88쪽 예측하기

1 예 언: 언제나 바른 말을 사용합니다.
어: 어느 곳에서나 고운 말을 사용합니다.
예: 예절을 지키며 바르고 고운 말을 사용합시다. 그러면,
절: 절로 웃음이 납니다.

2 예 대화를 나누는 사람의 기분이 좋아진다. / 서로 웃으며 사이좋게 지낼 수 있다.

90쪽 내용 정리하기

1 예

서론	다른 사람과 대화할 때에는 은어나 비속어 대신에 고운 말을 사용하여야 한다.
본론	고운 말로 서로 존중하는 마음을 전할 수 있다.
	고운 말은 다른 사람과의 대화를 원활하게 한다.
	고운 말을 사용하는 것은 우리말을 지키는 것과 같다.
결론	은어나 비속어 대신에 고운 말을 사용하는 바른 언어 습관을 기르기 위하여 노력하자.

90쪽 느낌 · 생각

1 1 예 와, 정말 재미있는 프로그램이 시작돼요.
2 예 쌤, 심쿵, 담팅
3 예 재미는 있으나 기분이 좋지 않다.

91쪽 일반화

1 예 아래층 사람: (초인종을 누르며) 안녕하세요? 아래층 사람입니다.
위층 사람: (문을 열며) 네, 안녕하세요. 무슨 일이세요?
아래층 사람: (공손하게) 위층에서 너무 소란스럽게 뛰어 시끄럽네요. 조금만 조용히 해 주세요.
위층 사람: (미안해하며) 죄송합니다. 앞으로는 조심하겠습니다.

91쪽 창의성

1 • 주장: 언어 예절을 꼭 지켜야 한다.
• 근거: 기분이 좋아진다, 나의 품격이 높아진다, 예의 있는 사람이 된다. 등

C-3 유행어를 사용해야 하는가

93쪽 배경지식

1 예 비교적 짧은 시기에 걸쳐 여러 사람의 입에 오르내리는 말이다.

2 예

텔레비전 속 유행어	우리 반 유행어
뇌섹남, 웃프다, 핵노잼, 심쿵 등	헐, 쌤, 완성체 등

3 예 친구들과 이야기를 하거나, 수업 시간에 발표를 할 때 주로 사용한다.

4 예

새로 생기면 좋을 유행어	상대방을 기분 좋게 하는 유행어, 나를 칭찬하는 유행어
없어지면 좋을 유행어	기분 나쁘게 하는 유행어, 놀리거나 무시하는 유행어

94쪽 문제 알기

1 1 뇌섹남, 웃퍼, 핵꿀잼, 심쿵
2 유행어를 써야 하는지 쓰지 말아야 하는지 고민하고 있다.

95쪽 문제 해결 방법 알기

1 예

2 장 / 단 / 장 / 단 / 단 / 장

96쪽 문제 해결하기

1 예 〈장점〉
• 유행어는 그 사회의 가치관 및 문화를 알 수 있게 한다.
• 유행어를 사용하는 사람들끼리 친밀감을 느낄 수 있다.
〈단점〉
• 지나치게 많이 사용하면 신뢰도를 떨어뜨린다.
• 바르고 고운 말을 적게 사용할 수 있다.

2 예

구분	주장	반박
서윤	• 유쾌하고 재미있게 대화를 할 수 있다.	• 수준이 낮은 대화를 할 수 있다.
	• 유행어는 그 사회의 가치관 및 문화를 알 수 있게 한다.	• 유행어가 너무 빨리 변해 그 사회의 가치관 및 문화를 제대로 알 수 없다.
	• 유행어를 사용하는 사람들끼리 친밀감을 느낄 수 있다.	• 유행어를 모를 경우 대화에 낄 수 없어서 외로움을 느낄 것이다.
할머니	• 유행어를 모르는 사람과 의사소통하기 어렵다.	• 젊은 사람들과 의사소통하기 위해 열심히 유행어를 배울 것이다.
	• 지나치게 많이 사용하면 신뢰도를 떨어뜨린다.	• 대화의 흥미를 위해 적절하게 사용하면 된다.
	• 바르고 고운 말을 적게 사용할 수 있다.	• 바르고 고운 유행어를 사용하면 된다.

3 예 찬성 / 반대

97쪽 제목 정하기

1 찬성: ㉡, ㉢, ㉤, ㉥
반대: ㉠, ㉣, ㉥, ㉦, ㉧, ㉨

2 예 • 찬성: 대화의 가치를 높이는 유행어 / 반대: 유행어는 이제 그만
• 찬성: 유행어 사용의 가치와 찬성하는 이유가 잘 드러나기 때문이다. / 반대: 유행어 사용을 반대하는 입장을 잘 드러내기 때문이다.

98쪽 초고 쓰기

1 예 〈찬성〉
• 대화의 가치를 높이는 유행어
• 유행어를 모르는 사람과 의사소통하기 어렵다, 지나치게 많이 사용하면 신뢰도를 떨어뜨린다, 바르고 고운 말을 적게 사용할 수 있다 등이 있다.
• 첫째, 대화가 유쾌하고 재미있다. 재미있는 유행어를 사용하면 친구들과 즐겁게 이야기할 수 있다. 유행어를 사용하여 분위기가 좋아지면 더욱 많은 이야기를 나눌 수 있다.
둘째, 유행어는 사회의 가치관 및 문화를 반영하고 있다. 유행어를 통해 우리 사회가 무엇을 중요하게 생각하고 있는지 알 수 있다. 또한 최신의 문화도 알 수 있다. 따라서 유행어를 많이 사용할수록 우리 사회의 흐름을 잘 이해할 수 있다.
셋째, 유행어를 사용하면 친밀감을 느낄 수 있다. 유행어를 말하였을 때 듣는 사람이 잘 이해하고 있으면 더욱 가까워진 느낌을 받을 수 있다. 또 잘 모르는 사람과 어색할 때 유행어를 사용하여 금방 친해질 수 있다.
• 대화가 유쾌하고 재미있으며, 그 사회의 가치관 및 문화를 알 수 있고, 상대방과 친밀감을 느낄 수 있다. 따라서 대화의 가치를 높여주는 유행어를 많이 사용해야 한다.

〈반대〉
유행어는 이제 그만
• 유행어를 사용하면 대화가 유쾌하고 재미있다, 유행어는 사회의 가치관 및 문화를 반영하고 있다, 유행어를 사용하면 친밀감을 느낄 수 있다 등이 있다.
• 첫째, 유행어를 모르는 사람과 의사소통하기 어렵다. 유행어는 모든 사람이 알고 있는 말이 아니다. 따라서 유행어를 모르는 사람과 유행어를 사용하여 대화하면 대화가 단절될 수 있다.
둘째, 지나치게 유행어를 많이 사용하면 신뢰감을 떨어뜨릴 수 있다. 유행어를 너무 많이 사용하면 사람이 가벼워지고 진지한 내용의 대화를 하기 어렵다.
셋째, 바르고 고운 말을 적게 사용할 수 있다. 유행어를 사용하다 보면 유행어를 사용해야 한다는 생각 때문에 우리의 바르고 고운 말을 적게 사용하게 된다.
• 유행어를 모르는 사람과 의사소통하기 어렵고 지나치게 많이 사용하면 신뢰감을 떨어뜨릴 수 있다. 또한 바르고 고운 말을 적게 사용하게 된다. 따라서 유행어는 이제 그만 사용해야 한다.

99~100쪽 글쓰기

1 예 〈찬성〉

대화의 가치를 높이는 유행어

요즘 우리 반 친구들과 대화

를 하다 보면 나도 모르게 유행어를 많이 사용한다. 언제부터 유행어를 사용했는지 몰라도 이제는 유행어를 사용하지 않으면 대화를 할 수 없다. 나는 유행어 사용에 대해 찬성한다.

나와 반대되는 의견에는 유행어를 모르는 사람과 의사소통하기 어렵다, 지나치게 많이 사용하면 신뢰도를 떨어뜨린다, 바르고 고운 말을 적게 사용할 수 있다 등이 있다.

하지만 유행어를 사용하면 첫째, 대화가 유쾌하고 재미있다. 재미있는 유행어를 사용하면 친구들과 즐겁게 이야기할 수 있다. 유행어를 사용하여 분위기가 좋아지면 더욱 많은 이야기를 나눌 수 있다.

둘째, 유행어는 사회의 가치관 및 문화를 반영하고 있다. 유행어를 통해 우리 사회가 무엇을 중요하게 생각하고 있는지 알 수 있다. 또한 최신의 문화도 알 수 있다. 따라서 유행어를 많이 사용할수록 우리 사회의 흐름을 잘 이해할 수 있다.

셋째, 유행어를 사용하면 친밀감을 느낄 수 있다. 유행어를 말하였을 때 듣는 사람이 잘 이해하고 있으면 더욱 가까워진 느낌을 받을 수 있다. 또 잘 모르는 사람과 어색할 때 유행어를 사용하여 금방 친해질 수 있다.

이와 같이 유행어를 사용하면 대화가 유쾌하고 재미있으며, 그 사회의 가치관 및 문화를 알 수 있고, 상대방과 친밀감을 느낄 수 있다. 따라서 대화의 가치를 높여 주는 유행어를 많이 사용해야 한다.

101쪽 창의성

1 예 2 대화의 흥미를 위해 적절하게 사용하세요.
3 바르고 고운 유행어를 사용하세요.
4 개성 있는 유행어를 사용하세요.

❷ 유행어를 모르는 사람에게 사용하면 대화가 어색할 수 있어요.
❸ 유행어는 빠르게 변하니 뜻을 확인하고 사용하세요.
❹ 유행어는 환경에 따라 의미가 변할 수 있어요.

2 예

2016년 10월 15일 날씨 흐림

제목: 유행어 때문에

오늘 수업 시간에 나도 모르게 유행어를 사용하였다. 친구들은 매우 좋아하였지만 선생님께서는 당황하셨다.

쉬는 시간, 선생님께서 나를 부르셨다. 선생님께서는 수업 시간에 유행어를 사용하는 것은 옳지 않다고 하셨다. 물론 가끔 수업 분위기를 위해서 사용하는 것은 좋지만, 장난으로 사용하는 것은 잘못된 것이라고 하셨다. 친구들과 유행어를 사용할 때는 마냥 즐거웠는데…….

앞으로는 유행어를 조심스럽게 사용하도록 노력해야겠다.

D 하나 된 지구촌

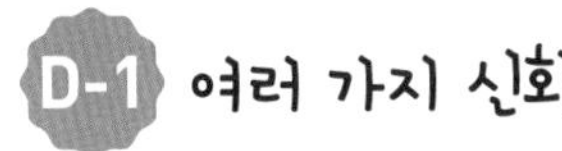

D-1 여러 가지 신화

107쪽 배경지식

1 예

2 예 하늘 세상에 살고 있던 환웅은 인간 세상이 궁금하여 땅으로 내려와 평화롭게 살고 있었다.

108쪽 배경지식

3 예 • 오르페우스
• 하프를 잘 다루는 오르페우스는 하프 연주 실력이 뛰어나 많은 여성을 만날 수 있었다. 하지만 오르페우스는 그 여성들 가운데 진정한 사랑을 찾지 못하고 있었다. 그러던 어느 날 지나가는 여성을 사랑하게 되었고 그 여성이 죽자 슬픔에 빠져 오르페우스는 죽음을 택한다.

108쪽 낱말 익히기

1

108쪽 예측하기

1 예 겉모습이 무섭고 말이나 행동은 엄격하지만 속마음은 착할 것 같다.

109쪽 예측하기

2 예 • 나침반, 물감
• 내가 어느 방향으로 가는지 알기 위해 나침반이 있어야 하고, 물감을 칠하면서 내가 간 곳을 표시하면 탈출할 수 있기 때문이다.

3 예 • ㉡, ㉢, ㉠
• 우인이 미로 속에 들어가 미로를 헤매는 사람들을 잡아먹다가 씩씩한 청년이 우인과 만나서 싸울 것 같다.

110쪽 내용 파악하기

1 근처에 절을 지었다.

2 구름이 걷힌 곳

3 처용의 아내 옆에 자신(역신)이 누워 있었는데도, 화를 내지 않고 노래를 부르고 춤을 추며 물러 나왔기 때문이다.

111쪽 내용 정리하기

1 ② 나는 화가 나서 큰 소리를 지르며 소란을 피웠다. → 나는 화를 내기는커녕 노래를 부르고 춤을 추며 물러 나왔다.
③ 그때부터 귀신의 얼굴 그림을 문에 붙여 귀신을 내쫓는 풍습이 생겼다. → 그때부터 내 그림이 귀신을 쫓아내는 그림이 되었다.

112쪽 내용 파악하기

1 미노타우로스를 가두기 위하여

2 다른 제물과 함께 미궁으로 들어가서 미노타우로스를 죽일 생각이었다.

113쪽 내용 파악하기

3 실타래

4 괴물 미노타우로스를 때려 죽였다.

5 들어가면서 실타래의 실을 풀어 놓고 미노타우로스를 죽인 다음 실타래를 따라 나왔다.

114쪽 내용 정리하기

1 ① 해마다 우리나라 선남선녀 20명이 크레타로 끌려가 우인인 미노타우로스에게 잡혀 먹는다고 한다. → 해마다 우리나라 선남선녀 12명이 크레타로 끌려가 우인인 미노타우로스에게 잡혀 먹는다고 한다.
② 그때 마침 크레타의 공주인 아리아드네가 나에게 비둘기를 주었다.→ 그때 마침 크레타의 공주인 아리아드네가 나에게 실타래를 주었다.
③ 비둘기를 따라 빠져나오라고 한 것이다. → 풀어진 실을 보고 빠져나오라고 한 것이다.

2 1 예 미노타우로스에게 잡아먹혔을 것 같다.
2 예 미노타우로스를 길들여서 데리고 나온다.

115쪽 내용 정리하기

3 예 〈용의 아들 처용〉
• 용이 아들과 춤을 추고 악기를 연주한다.
• 처용의 그림으로 귀신을 쫓는다.

〈아리아드네의 실타래〉
• 왕비의 몸에서 우인이 나왔다.
• 미로가 있다.

4 예

구분	현실적이지 않은 내용	숨겨진 의미
용의 아들 처용	• 동해 용의 아들 • 용의 아들과 춤을 추고 악기를 연주한다. • 처용의 그림으로 귀신을 쫓는다.	• 동쪽 나라에서 온 손님 • 큰 손님을 얻었다. • 처용의 위상이 높아졌다.
아리아드네의 실타래	• 우인 • 왕비에게서 우인이 나왔다. • 미로가 있다.	• 욕심 많은 사람 • 왕비가 욕심이 많다. • 어려운 문제가 있다.

5

116쪽 내용 파악하기

1 부모 허락 없이 마음대로 혼인을 했다 하여 쫓겨났기 때문이다.

2 버리라고 하였다가 깨뜨리라고 하였다가 다시 유화 부인에게 돌려주었다.

3 활을 잘 쏘았기 때문이다.

117쪽 내용 파악하기

4 (2)
(6)
(3)
(4)
(5)
(1)

118쪽 느낌 · 생각

1 예 나는 오늘 고구려를 세웠다. 지난날을 되돌아보면 참 많은 일들이 있었다. 나는 알에서 태어났고, 어렸을 때부터 활을 잘 쏘았으며 그로 인해 왕자들이 나를 미워했다. 다행히 물고기와 자라에 의해서 죽을 고비를 넘길 수 있었다. 그러한 역경을 이기고 드디어 고구려를 세웠다.

2 예 「용의 아들 처용」에서 내가 처용이라면 화를 냈을 것 같은데 처용은 마음이 참 넓은 것 같다.
「아리아드네의 실타래」에서 테세우스는 현명하고 용기가 있는 사람이라는 생각이 들었다.
「고구려를 세운 주몽」에서 힘든 일을 이겨내는 주몽을 보니 나도 어려운 일이 생겼을 때 포기하지 말아야겠다는 생각이 들었다.
신화는 신기하고 황당하기도 하지만, 재미있고 인물들의 행동에서 본받을 점이 많다.

119쪽 창의성

1 예

흐름	내용
고귀한 혈통	나는 태양의 자손으로 태양을 마음대로 할 수 있다.
비정상적인 출생	내가 태어났을 때 태양이 10개가 되었다.
탁월한 능력	내가 가는 곳마다 태양이 비춰 항상 따뜻했다.
어렸을 때의 고난	나를 질투하는 사람들이 많아서 혼자 지낸 경험이 많다.
죽을 고비 극복	주변 사람들이 내 능력을 확인하기 위해 어려운 시험을 많이 냈다.
영웅의 탄생	각종 어려운 시험을 통과하고 새로운 나라를 세워 왕이 되었다.

D-2 난중일기

121쪽 배경지식

1 1 기전체
2 • 28자 / • 모방
• 초성, 중성, 종성
• 문자, 이어 / • 전환

122쪽 배경지식

2 예

때	20○○년 5월 5일 어린이날
장소	놀이동산
등장인물	가족들(엄마, 나, 동생)
한 일	놀이 기구 타기
힘든 일	놀이 기구를 탈 때 줄이 길어서 힘들었다.
생각과 느낌	놀이 기구를 탈 때 정말 재미있었다. 다음에 또 가족과 놀이동산에 놀러 가고 싶다.

123쪽 예측하기

1 예 이순신 장군이 울돌목이라는 곳에서 배 10여 척으로 일본군 배 130여 척을 물리친 전쟁이다.

123쪽 내용 파악하기

1 1 앞으로 돌진하며 당당히 적들과 맞서 싸웠다.
2 적장 마다시의 시체를 토막 내었기 때문이다.

124쪽 느낌 · 생각

1 예 한국 전쟁이 나라만 갈라놓은 것이 아니라 행복했던 가족들도 갈라놓았다는 것이 슬프다.

2 예

평화 선서문

평화로운 삶을 살기 위해
다른 사람을 배려하고,
올바른 행동만 할 것을
엄숙히 선서합니다.

2016년 9월 1일
화수초등학교 6학년 3반 이름 정은우

125쪽 창의성

1 예 • 임금의 행차에는 수많은 사람들이 따라간다.
• 옛날 사람들의 집의 모습을 알 수 있다.

2 예 *각자 기억에 남는 일을 자유롭게 그리기
이유: 내가 학교 대표로 교육청에서 주최하는 글짓기 대회에 참가하였고, 그 대회에서 좋은 성적을 받아 큰 상을 받았기 때문이다.

D-3 우리나라는 징병제를 유지해야 하는가

127쪽 배경지식

1 1 최전방 수호병에 지원하라는 내용이다.
2 예 나도 군대에 가서 나라를 지키고 싶다.

2 1 예 군대에 가는 큰형
2 큰형이 군대에 가기 때문이다.

128쪽 문제 알기

1 1 예 우리나라의 군 복무 기간이 다른 징병제 국가들보다 긴 편이다.
2 예 남과 북으로 분단되었기 때문이다.

129쪽 문제 해결 방법 알기

1 예 우리나라보다 북한의 군사력이 더 강하다. 그래서 우리나라도 더 강한 군대를 만들어야 한다고 생각한다.

2 *반 친구들을 대상으로 조사하여 표 완성하기

예

구분	찬성	반대	합계
인원(명)	15	10	25

3 예 • 찬성: 군인이 되고 싶은 사람들이 군인이 되기 때문에 국방력이 향상될 것이다.
• 반대: 나라를 지켜야 한다는 의무감이 줄어들어 위험한 일이 생기면 우리나라 국방에 허점이 생길 수 있다.

130쪽 문제 해결 방법 알기

4 예 우리나라에 군대가 없다면 북한이 바로 쳐들어와서 전쟁이 날 것 같다.

5 예 군대가 없는 나라가 거의 없다는 것이 놀랍다. 전쟁이 없는 평화로운 세상이 되었으면 좋겠다.

6 예 적은 수의 정예 부대를 육성하기 위해서라고 생각한다.

131쪽 문제 해결 방법 알기

7 • 모병제: 단 / 장 / 장 / 단 / 단
• 징병제: 장 / 장 / 단 / 단 / 장

8 예 지금도 군사 비용이 많이 드는데 모병제로 바꾸면 더 많은 비용이 들어 우리나라가 가난해질 것 같다.

9 • 장점: ㉢, ㉣, ㉤, ㉥
• 단점: ㉠, ㉡

132쪽 문제 해결하기

1 예

구분	모병제	징병제
장점	• 적은 수로 군대를 만들 수 있다. • 자신이 원하는 곳에 가기 때문에 힘이 더 날 것이다. • 전문적인 시설이 갖추어질 것이다. 등	• 균형 있게 군대 편성이 가능하다. • 비상시에 많은 수의 군인을 징집할 수 있다. 등
단점	• 국방비가 많이 든다. • 병력의 수가 줄어든다.	• 자유롭게 선택할 수 없다. • 강제적이어서 군대에 대해 부정적인 인식을 갖게 한다.

132쪽 제목 정하기

1 예 찬성한다. / 반대한다.

2 예 반드시 필요한 징병제
/ 이제는 모병제로 바꾸자

133쪽 초고 쓰기

1 예 〈찬성〉

제목: 반드시 필요한 징병제

- 요즈음 세계 여러 나라 국가들이 모병제로 병역 제도를 바꾸고 있다. 이 시점에서 우리나라는 어떻게 해야 할까?
- 찬성
- 첫째, 모병제로 병역제도를 바꿀 때 국방비가 많이 든다. 군인들에게 봉급을 많이 주어야 하기 때문이다.
  둘째, 모병제로 바꿀 때 병력의 수가 줄어든다. 남과 북이 분단된 우리나라의 현실에서 언제 전쟁이 일어날지 모르기 때문에 적은 수의 병력은 위험하다.
  셋째, 모병제일 경우 병사들의 성품에 문제가 생길 수 있다. 자신이 원하는 군대에 갔다고 자만하여 사고가 일어날 수 있다.
  넷째, 비상시에 많은 군인을 모을 수 있다. 대부분의 성인 남자들이 군대를 갔다 왔기 때문에 비상시에 많은 군인을 모을 수 있어 전쟁에 유리해질 수 있다.
- 찬성
- 현재 우리나라는 전 세계 유일한 분단 국가이다. 언제 발생할지 모르는 위기 상황에 대처하기 위해서라도 징병제는 유지해야 한다.

〈반대〉

제목: 이제는 모병제로 바꾸자

- 요즈음 세계 여러 나라 국가들이 모병제로 병역 제도를 바꾸고 있다. 이 시점에서 우리나라는 어떻게 해야 할까?
- 반대
- 첫째, 군인이 되는 것은 자유롭게 선택되어야 한다. 우리나라는 민주주의 국가이다. 그렇기 때문에 군인이 되는 것도 자유롭게 선택할 수 있어야 한다.
  둘째, 모병제를 할 경우 군대에 대한 생각의 긍정적으로 변할 것이다. 원하는 사람만 군대를 가기 때문에 군대에 대해 긍정적으로 생각하여 더욱 열심히 근무할 것이다.
  셋째, 전문적인 시설이 갖추어질 것이다. 징병제보다 적은 인원으로 군대를 운영하기 때문에 보다 전문적인 시설에서 근무할 수 있다.
  넷째, 자신이 원하는 곳에서 군대 생활을 할 수 있다. 자신의 특기를 살려 군대 생활을 할 수 있기 때문에 나라뿐만 아니라 개인에게도 도움이 될 수 있다.
- 반대
- 우리나라는 민주주의 국가로서, 더이상 강제로 군대에 가는 사람은 없어야 한다.

134쪽 창의성

1 예 〈찬성〉

우리나라는 분단 국가이기 때문에 모병제로 병역 제도를 바꾸면 병력의 수가 줄어들고, 병사들에게 주어야 하는 봉급이 많기 때문에 국방비가 많이 든다. 또한 병사들의 성품에 문제가 생길 수 있다. 또 우리나라는 우리 국민이 스스로 지켜야 하기 때문에 징병제를 유지해야 한다.

〈반대〉

우리나라는 민주주의 국가이기 때문에 모병제로 바꿔야 하고, 모병제를 할 경우 군대에 대해 긍정적으로 생각이 변할 것이다. 또한 전문적인 시설에서 근무를 할 것이며 자신의 특기를 살릴 수 있다.

135쪽 작품화

1 예 • 세계적으로 회의를 자주 열어 어려운 일을 함께 해결한다.
• 전 세계의 무기를 모두 없앤다.

2 *캐릭터 자유롭게 그리기

예 

늘 웃고 싸우지 않는 캐릭터를 그렸다. 또한 평화의 상징인 비둘기를 손 위에 놓고 있어 평화를 세상에 알리고 싶었다.

출처

■ 글

- 〈플랜더스의 개〉, 위다 원작, 강원희 엮음, 효리원 / 12쪽
- 〈청산은 나를 보고〉, 나옹선사 / 23쪽
- 〈하여가〉, 이방원 / 24쪽
- 〈단심가〉, 정몽주 / 24쪽
- 〈바다는〉, 홍종선 / 26쪽
- 〈우리들의 일그러진 영웅〉, 이문열 / 44쪽
- 〈스탠퍼드대 연설문〉, 스티브 잡스, 강홍식 옮김 / 56쪽
- 〈괭이부리말 아이들〉, 김중미, 창비 / 76쪽
- 〈고운 말을 사용합시다〉, 최종윤 / 89쪽
- 〈삼국유사〉, 김진섭 엮음, 아이즐북스 / 110쪽, 116쪽
- 〈이윤기의 그리스 로마 신화〉, 이윤기, 웅진지식하우스 / 112쪽
- 〈조선왕조실록〉, 한국고전번역원 / 121쪽
- 〈쉽게 보는 난중일기〉, 노승석 옮김, 도서출판 여해 / 123쪽

■ 이미지

- 〈아이팟〉 사진, Kolin Toney, flickr / 52쪽
- 〈아이북〉 사진, Toshiyuki IMAI, flickr / 52쪽
- 〈버즈〉 사진, Jason Weaver, flickr / 52쪽
- 〈아이폰〉 사진, Nico Kaiser, flickr / 52쪽
- 〈고운 말 한 마디가 세상을 바꿉니다〉 포스터, 한국방송광고진흥공사 / 87쪽
- 〈조선왕조실록〉 사진, 규장각한국학연구원 / 121쪽
- 〈KBS 이산가족찾기 기록물〉 사진, KBS 한국방송 / 124쪽
- 〈화성능행도〉 사진, 국립고궁박물관 / 125쪽
- 〈최전방 수호병〉 포스터, 병무청 / 127쪽
- 〈세계의 병역 제도〉 이미지, Mysid, wikimedia commons / 130쪽

MEMO